湖上閒思錄

錢穆

出版說明

錢賓四先生，生前爲促進今日國人對我中華傳統文化之認識，曾計劃將其著作分類選編爲「小叢書」，以便利青年學子之閱讀。今素書樓文教基金會謹遵先生遺意，以聯經出版公司民國八十六（一九九七）年出版之錢賓四先生全集版爲底本，分類重排，出版選輯。「中國思想史小叢書乙編」一套，包括人生十論、湖上閒思錄、靈魂與心、雙溪獨語、晚學盲言五書。

人生十論一書，乃爲民國三十八（一九四九）年，先生流亡香港初期，所撰有關人生問題之文稿彙集而成。本書於民國四十四（一九五五）年五月，交由香港人生雜誌社出版。七十一（一九八二）年，先生親作修訂，並增添六十七（一九七八）年在香港大學所講「人生三步驟」，及六十九（一九八〇）年在臺北故宮博物院所講「中國人生哲學」四講，交臺北東大圖書公司再版發行。八十六（一九九七）年出版全集版時，又增相類文稿四篇（人生三品類、身生活與心生活、人學與心學、談談人生）。

湖上閒思錄一書，乃民國三十七（一九四八）年春，先生任教無錫江南大學，時值政局晦昧，胃病初愈，體況欠佳，常於課餘之暇徜徉湖山勝處，時有閒思遐想，適友人爲上海申報副刊學津邀稿，觸機而寫。歷時約四月，積成三十篇。惟不久學津即告停刊，僅前五篇曾經發布。翌年，先生倉皇南下，此稿未及攜出。十年後，始獲重覩舊作。四十八（一九五九）年秋，全稿交香港人生雜誌絡續刊布。次年由人生出版社在香港出版。六十九（一九八〇）年，又交三民書局在臺北再版發行。先生在本書再跋中有言：「歷史限於事實，可以專就本己真相即明；而文化則寓有價值觀，必雙方比較，乃知得失。」本書爲先生繼中國文化史導論一書後，探討中西文化比較另一有系統之著作。

靈魂與心一書，乃先生彙集所論有關靈魂與心之十二篇文而成。其中最早一文，爲民國三十一（一九四二）年，先生初喪母時所作；最晚之數文，作於六十四（一九七五）年總統蔣公逝世後數月之間。先生雖自謙諸文未必能「於此宇宙人生之奇秘有所解答」，然亦言：「人有靈魂與否，至今不可知。然人各有心，則各自反躬撫膺而可知。孔子曰：『知之爲知之，不知爲不知，是知也。』讀斯編者，各就所知，是亦可以相悅而解，固不必相尋於荒漠無何有之鄉也。」是書於六十五（一九七六）年，交臺北聯經出版社出版。

雙溪獨語一書，乃民國六十一年秋至翌年夏，先生爲中國文化學院歷史研究所研究生講「中國思想史」一課，就課堂所講，撰寫成文，共得三十篇，曾絡續刊載於該校文藝復興月刊。因授課於臺北外雙溪素書樓，而所言又多爲時人所少言者，故先生特名之曰「雙溪獨語」。民國七十（一九八一）年，交臺北學生書局出版。

晚學盲言一書，先生在該書序文中自言：「八十三、四歲，雙目忽病，不能見字。惟賴早晚聽電視新聞，略知世局。幸尚能握筆寫字，偶有思索，隨興抒寫。稿成，由人誦讀，余旁聽，逐字逐句加以增修。此稿共有三大部；一、宇宙天地自然之部；二、政治社會人文之部，三、德性行爲修養之部。大率皆久存於心，偶爾觸發，漫無條理，又語多重複。儻能精心結撰，或當更多闡申，或宜更多刪節，此則非盲目老年之所能從事矣。惟余之爲此書，亦不啻余之晚學，爰題名爲「晚學盲言」。又本書雖共分九十題，一言蔽之，則僅爲比較中西文化異同。」是書編成於民國七十五（一九八六）年秋，先生已高齡九十二歲。七十六（一九八七）年，交臺北東大圖書公司出版。

上列五書，臺北聯經出版公司於民國八十六（一九九七）年出版全集本時，新加人私名號、書名號及重點引號，以及改正誤植文字，查對古籍引文、重作引文版式及分段處理，以利閱讀。又凡新增各篇，目次中悉標注「＊」號。此次重排，除改正若干誤植之錯字外，並將各書中若干篇論文，再重新與舊版校對。排編之工作，雖力求慎重，然錯誤疏漏之處，在所難免，敬希讀者不吝指正。

中華民國九十（二〇〇一）年三月

素書樓

文教基金會

目次

序……四
跋……七
再跋……八
一 人文與自然……一
二 精神與物質……四
三 情與欲……一〇
四 理與氣……一四
五 陰與陽……一九
六 藝術與科學……二三

七 無我與不朽……二九
八 成色與分兩……三三
九 道與命……三八
一〇 善與惡……四三
一一 自由與干涉……四八
一二 鬪爭與仁慈……五三
一三 禮與法……五八
一四 匆忙與閒暇……六二
一五 科學與人生……六七
一六 我與他……七一
一七 神與聖……七四
一八 經驗與思維……七八

一九　鬼與神……八五
二〇　鄉村與城市……九〇
二一　人生與知覺……九四
二二　象外與環中……一〇二
二三　歷史與神……一〇八
二四　實質與影像……一一三
二五　性與命……一一八
二六　緊張與鬆弛……一二四
二七　推概與綜括……一三〇
二八　直覺與理智……一三六
二九　無限與具足……一四二
三〇　價值觀與仁慈心……一四八

序

我這一本湖上閒思錄，是今年春天因著一位友人的一番慫恿而觸機開頭寫起的，經過了約莫四個月的時間，積成這三十篇文字，把它彙集成册。我的生活，其實也算不得是閒散，但總是在太湖的近邊，時時見到閒雲野鷗、風帆浪濤，總還是有一些閒時光的。我的那些思想，則總是在那些閒時光中透逗，在那些閒時光中醞釀。而且我之所思，實在也與世無補。我並不是說我對於當前這些實際的人生，漠不關心，不想幫忙。但總覺得我自己無此智慧，無此精力，來把捉住這些當前的實際人生之内裏的癥結，而試加以一種批導或斡旋。因此也只能這般躲在一旁，像無事人模樣，來思考那些不關痛癢不着筋節的閒思慮。我也並不說我的那些閒思，便在此三十篇中告一段落。只因爲我的閒思，總算是在此三四個月的閒時光中閒閒地產生，實際則只還是閒閒地記錄寫出。而我想，讀我書的人或許只想在三四日或三四鐘點中匆匆讀完。若我把這些稿子久藏不出，積壓得多了，我又怕更引起讀者的忙迫，要在幾天或幾個鐘點的短時間裏，匆忙地一口氣來讀我的太多的閒思錄。忙讀是領略不到閒思的情味的。因此先把此三十篇發表了，也好減輕讀者們忙讀的壓迫。將來若使我續有閒思的機會，好絡續的寫出，再彙成續集三集，也讓讀者們好分集的閒閒地來讀。

我這一本閒思錄，並不曾想如我們古代的先秦諸子們，儒、墨、道、法，各成一家言，來誘世導俗。也並不曾想如我們宋明的理學先生們，程、朱、陸、王，各各想承繼或發明一個道統，來繼絕學而開來者。我也並不曾想如西方歐洲的哲學家們，有系統、有組織、嚴格地、精密地，把思想凝練在一條線上，依照邏輯的推演，祈望發現一個客觀的真理，啟示宇宙人生之奇祕。我實在只是些閒思，惟其只是些閒思，在我寫第一篇的時候，我並沒有預先安排如何寫第二篇。在我寫第二篇的時候，也並沒有設法照顧或迴護到第一篇。在我只是得着一些閒，便斷斷續續地思而寫，這是些無所爲的，一任其自然的，前不顧後，後不顧前。而且在我開始寫這閒思錄之前，慫慂我的那位友人，他早已給我一限制，不希望我長篇累牘地寫，字數上他希望我不超出二三千字的篇幅。我開始既如此寫，以後也便照樣寫。而且我覺得，篇幅有了限制，也好省得我轉成忙迫。心下預定了只寫這些字，因而不致失卻我開始寫時的閒情。寫了二三千字，我便戛然而止，我也並不曾想一定要把我當時的一番閒思像模像樣地造成一理論。有時上面多寫了些，下面便少說些；有時上面少說了些，下面便多寫些。而且我每一篇在寫在時候，也沒有預定題目，有時想到較複雜較深邃的，也只在此三四千字中交卷。有時想到較簡單較平淺的，也在此三四千字中交卷。寫完了，隨便拈篇中一兩字作爲題目裝成一牌子安上。有些是上一篇未說完的，又在下一篇乘便補出。有些是上一篇已說到的，又在下一篇重複說及。有些是某一篇只當是某一篇之一隅舉例，有些則兩篇之間又好像有些衝突不一致，有些是尚多言外之意，也懶得再申說。篇目的前後，全照動筆的次序，沒有再編排過。中間有一兩篇是宿稿，因爲文言白話的體裁關係，而把來略略地改寫的。然而這些總還是我一人之所見，而且近在四個月中間寫出，應該是仍還有一個體系的。這些則只有讓讀者們自己去認取。我只請求讀者們的臨讀時，也先把自己的心情放閒些，則一切自易諒解，一切自易愿恕。

慫恿我的那位友人，使我觸機開頭寫這一本閒思錄的是謝幼偉先生。他爲申報館的副刊學津討稿，我的稿開始了，但申報的學津停刊了。我引起了興頭，終於有此一册小書。讓我乘便在此感謝謝先生的一番慫恿。

中華民國三十七年夏錢穆識於無錫榮巷

跋

本書乃民國三十七年春間所寫。其時余任教江蘇無錫江南大學，課務輕閒，胃病新愈，體況未佳，又值時局晦昧，光明難覩。時時徜徉湖山勝處，或晨出晚歸，或半日在外。即暫獲閒隙，亦常徘徊田塍魚塘之間。盡拋書册，惟求親接自然，俛仰逍遙以自遣。心胸積滯，逐一滌盪，空所存抱，乃時有閒思遐想，如游絲輕漾，微葉偶飄，來入庭際，亦足賞玩。乃於夜燈坐對，隨筆抒寫，初不自意遂成卷帙。嗣亦擱置，不復再續。越一年，倉皇南行，此稿亦未携帶。今冬重入吾眼，則已轉瞬十年矣！再自披覽，即篇題亦都忘卻，更不論內容所涉。循誦而下，恍如讀他人書，乃深幸此人談吐，與其平日素所蓄藏，無大懸別，此亦大可欣喜之一境也。惟閒冗相異，儼如隔世。卻念生平，有此一段暇晷，堪作回憶，彌自珍惜。刊而布之，亦聊以存當時心影之一斑焉。

中華民國四十七年冬至錢穆再識於九龍之鑽石山寓廬。

再跋

余自對日抗戰期間，在雲南宜良寫成國史大綱一書以後，自念全部中國史中之大綱大節，已在書中揭舉。循此詳求，事在讀者。或有謬誤，亦待讀者指出，再作思考。余之興趣，遂從歷史逐漸轉移到文化問題上。

余之研治國史，本由民初「新文化運動」對國史多加詬詈，略有匡正。執其兩端，用其中於民，庶於世風稍盡補偏救弊之功。但自世界第二次大戰開始，確信歐西文化亦多病痛，國家民族前途，斷不當一意慕效，無所批評抉擇，則盲人瞎馬，夜半深池，危險何堪設想。又歷史限於事實，可以專就本己，真相即明。而文化則寓有價值觀，必雙方比較，乃知得失。余在成都始寫中國文化史導論一書，此為余對自己學問有意開新之發端。

及抗戰勝利，頗謂國事未定，變端莫測，因決意不返平津，亦不滯京滬，惟冀覓一靜僻處，俾得潛心，以漸待時局之安定。乃重返昆明，初不料其學風囂張，乃有大出意料之外者。又在成都患胃病，迄是不愈，及又決意歸家鄉，風土飲膳，庶於余病體有助。適江南大學新創，遂留任教。而國事益動盪，日夜讀莊子一書，為作纂箋。聊可於湖山勝境，遊神澹泊，自求寧靜。又以其間寫此湖上閒思錄一部。及避來香港，將之付印，距今亦三十年以上矣。

此三十年中，對文化問題又續有撰述。兩年來，雙目失明，不能見字。報章書籍，皆已疏隔。惟尚能捉筆寫稿。方撰「中西文化比較觀」一書❶，不謂積稿已盈二十篇以上。大體皆雜憶平日心中存想，以不翻書，不引據材料爲原則。忽一日，三民書局主人來索余湖上閒思錄，將以再付剞劂。因由內人誦讀一過，余逐篇聽之。初不意余方今所撰，正多舊來見解，並有前所發得，而今已漫忘者。自慚學問未有進步，而國事世風，每下愈況。回憶當年太湖邊一段心境，亦已有黃鶴一去不復返之狀。撫今追昔，感慨何似。

因念國史大綱一書，亦已在數年前重有改訂，創爲新版。今此稿又繼之。敝帚自珍，際此時代劇變中，不知國人讀之，亦尚謂此泥上鴻爪，復有一加顧視之意義與價值否？再爲此跋？亦聊記往年飛鴻踏此雪泥之概況而已，他復何言。

中華民國六十九年五月七日錢穆自識於臺北外雙溪之素書樓時年八十有六

---

❶ 編者注：先生所撰有關「中西文化比較觀」諸文，未彙集成專書，已分散收入各書。

一　人文與自然

宇宙之大，只須稍讀幾本近代天文學的書，便不難想像。當你在夜間仰視天空，雖見萬千星座，密佈四圍。但那些星與星間距離之遼闊，是夠可驚人的。羣星之在太空，恰應似大海上幾點帆船，或幾隻鷗鳥。我們儘可說，宇宙間是空虛遠超過了真實。雖則那些星羣光芒四射，燦爛耀人，但我們也可說，宇宙間是黑暗遠超過了光明。

在宇宙間有太陽，在太陽系裏有地球，在地球上萬物中有了生命，在生命裏有人類，人類在整個宇宙間的地位，實在太渺小了。譬如在大黑深夜，無邊的曠野裏有著一點微光，最多只照見了他近旁尺寸之地，稍遠則全是漆黑，全是不可知。人類生命歷程中所發出的這一點微光，譬喻得更恰當些，應該如螢火般，螢雖飛着前進，他的光則照耀在後面尾梢頭。人類的知識，也只能知道已然的，憑此一些對於已然的知識與記憶，來奔向前程，奔向此無窮不可知之將來。

你若太過注意到自然界去，正如行人在大黑深夜的曠野裏，老把眼睛張望到無邊的深黑中去，將會使你恐怖，使你惶惑。但有些人又太過看重他個人的生命，當知個人的生命依然是一個自然，一樣的虛空勝過真實，黑暗勝過光明，一樣在無邊深黑中。人類的心智，則偏要在虛空中覓真實，黑暗中尋光明，那只有在人類大羣已往歷史文化的累積裏面去尋覓。這些經人類大羣已往歷史所累積着的文化遺產，我們稱之曰「人文」，用來與「自然」對立。這是真實的，光明的，但這些也只是螢尾梢頭的一點微光。

人類已往生活中所積累的一些歷史文化遺產，如何得與整個大自然界長宙廣宇相抗衡、相並立？但就人而論，也只有這樣，這是所謂「人本位」的意見。在中國傳統見解裏，自然界稱爲「天」，人文界稱爲「人」，中國人一面用人文來對抗天然，高抬人文來和天然並立，但一面卻主張「天人合一」，仍要雙方調和融通，既不讓自然來吞滅人文，也不想用人文來戰勝自勝。

道家也有天人不相勝的理論，（見莊子）但道家太看輕歷史文化的羣業，一個個的個人，只能說他天的分數多，人的分數少，一面是謷乎大哉，另一面又是渺乎小哉，如何能天人不相勝呢？所以荀子要說「莊子蔽於天而不知人」。

但荀子主張人類性惡，這也沒有真認識人類歷史文化羣業的真相。你若一個人一個人分析看，則人類確有種種缺點，種種罪惡。因爲一個個的人也不過是自然的一部分而已。但你若會通人類大羣歷史文化之總體而觀之，則人世間一切的「善」，何一非人類羣業之所造，又如何說人性是惡呢？

西方耶教思想，也正爲單注意在一個個的個人身上，沒有把眼光注射到大羣歷史文化之積業上去，因此也要主張人類性惡，說人生與罪惡俱來，如此則終不免要抹殺人生復歸自然。佛教也有同樣傾向，要之不看重歷史文化之大羣業，則勢必對人生發生悲觀，他們只歷指着一個個的個人生活來立論，他們卻不肯轉移目光，在人類大羣歷史文化的無限積業上着想。

近世西方思想，由他們中世紀的耶教教義中解放，重新回復到古代的希臘觀念，一面積極肯定了人生，但一面還是太重視個人，結果人文學趕不上自然學，「唯物」思想泛濫橫溢，有心人依然要回頭乞靈於中世紀的宗教，來補救目前的病痛。就人事論人事，此後的出路，恐只有沖淡個人主義，轉眼到「歷史文化」的大共業上，來重提中國傳統「天人合一」的老觀念。

（民國三十七年六月一日上海申報副刊學津第二十六期，四十八年三月人生雜誌十七卷六期重載。）

二　精神與物質

人類往往有常用的名詞，而一時說不清他的涵義的，如「精神」即其一例。「精神」與「物質」對列，讓我們先說物質。粗言之，物質是目可見、耳可聞、皮膚手足可觸捉的東西。精神與物質相對列，則精神應該是不可見、不可聞、不可觸捉的。不可見、不可聞、不可觸捉，則只有用人內心的覺知與經驗。所以我們說，精神是不可見、不可聞、不可觸捉，而只可用人的內心覺知來驗證的東西。這一東西，就其被覺知者而言，是非物質的；就其能覺知者而言，也是非物質的。明白言之，他只是人的內心覺證之自身。所謂「內心」，其實只是一番覺證，而所「覺證」的，依然還是那一番覺證。「能」「所」兩方，絕不參有物質成分，因此同樣不可見聞，不可觸捉。下面再仔細道來。

生命與物質對列，物質是無知覺的，生命是有知覺的，草木植物也可說它有知覺，只是它的知覺尚在麻木昏迷的狀態中。動物的知覺便漸次清醒，漸次脫離了昏迷麻木的境地，但動物只能說它有知覺，不能說它有心，直到人類纔始有「心」。知覺是由接受外面印象而生，心則由自身之覺證而成。所以在動物的知覺裏面，只有物質界，沒有精神界。精神只存在於人類之心中，就其「能」的方面言，我們常常把「人心」與「精神」二語混說了，這是不妨的。

人類的心，又是如何樣發達完成的呢？人類最先應該也只有知覺，沒有心。換言之，他和動物一般，只能接受外面可見、可聞、可觸捉的具體的物質界，那些可見、可聞、可觸捉的外面的物質離去了，他對那些物質的知覺也消失了。必待另一些可見、可聞、可觸捉的再接觸到他的耳目身體，他纔能再有另一批新的知覺湧現。因此知覺大體是被動的，是一往不留的。必待那些知覺成為印象，留存不消失，如此則知覺轉成了記憶，記憶只是知覺他以往所知覺，換言之，不從外面具體物質來產生知覺，而由以往知覺來再知覺，那即是記憶。記憶的功能要到人類始發達。人類的記憶發達了，便開始有了「人心」。墨經上說：「知，接也。」人的知覺，是和外面物質界接觸而生。但知覺成為印象，積存下來，而心的知覺，卻漸漸能脫離了物質界之所與而獨立了。能不待和他們接觸而自生知覺了。換言之，心可以知覺他自己，便是知覺他以往所保留的印象，即是能記憶。如是我們可以說「記憶」是人類精神現象之創始。

人類又如何把他對外面物質界的知覺所產生的印象加以保留，而發生回憶與記念呢？這裏有一重要的工具，便是「語言」和「文字」。語言的功用，可以把外面得來的印象加以識別而使之清楚化、深刻化，而同時又能複多化。有些高等動物未嘗不能有回憶與記念，只是模糊籠統，不清楚，不深刻，否則限於單純，不能廣大，不能複多。何以故？因他們沒有語言，不能把他們從外面接觸得來的印象加以分別部勒，使之有條理，有門類。譬如你有了許多東西，或許多件事情，不能記上帳簿，終必模糊遺忘而散失了。人類因發明了語言，纔能把外面所得一切印象分門別類，各各爲他們定一個呼聲，起一個名號，如此則「物象」漸漸保留在知覺之內層而轉成了「意象」或「心象」，那便漸漸融歸到精神界去了。也可說意象、心象具體顯現在聲音中，而使之客觀化。

文字又是語言之符號化。從有文字，有了那些符號，心的功用益益長進。人類用聲音語言來部勒印象，再用圖畫文字來代替聲音，有語言便有心外的識別，有文字便可有心外的記憶。換言之，即是把心之識別與記憶的功能具體客觀化爲語言與文字，所以語言文字便是人心功能之向外表襮，向外依着，便是人心功能之具體客觀化。因此我們說，由知覺（心的功能之初步表見）慢慢產生語言包括文字，再由語言文字慢慢產生「心」。這一個心即是「精神」，他的功能也即是精神。

人類沒有語言，便不能有記憶，縱謂可以有記憶，便如別的動物般，不是人類高級的記憶。當你在記憶，便無異是在你心上默語。有了記憶，再可有思想。記憶是思想之材料，若你心中空無記憶，你又將運用何等材料來思想呢？人類的思想，也只是一種心上之默語，若無語言，則思想成爲不可能。思想只是默語，只是無聲的說話，其他動物不能說話，因此也不能思想；人類能說話，因此就能思想。依常識論，應該是人心在思想，因思想了，而後發爲語言和文字以表達之。但若放遠看他的源頭，應該說人類因有語言文字始發展出思想來。因你有思想，你始覺證到你自己像有一個心。生理學上的心，只是血液的集散處，生理學上的腦是知覺記憶的中樞。均不是此處說的心。從生理學上的腦，進化而成爲精神界的心，一大半是語言文字之功。

因有語言與文字，人類的覺知相互間溝通成一大庫藏，人類狹小的短促的心變成廣大悠久。人類的心能，已跳出了他們的頭腦，而寄放在超肉體的外面。儻使你把人心功能當作天空中流走的電，語言文字便如電線與蓄電機，那些流走散漫的電，因有蓄電機與電線等而發出大作用。這一個心是廣大而悠久的，超個體而外在的，一切人文演進，皆由這個心發源。因此我們目此爲「精神界」。

這一個精神界的心，因其是超個體的，同時也是非物質的。何以故？人類因有語言文字，便從這一人接觸到外面另一人的記憶和思想，這層不言自明。

儻我們根據上述，認爲記憶、思想，本是寄託在語言文字上，本從語言文字而發達完成，那麼語言文字是人類共通公有的東西，並不能分別爲你的和我的；同樣理由，我們也可說記憶和思想，在本質上也該是人類共通公有的東西，也不能硬分爲你的和我的。換言之，人類的腦和手，屬於生理方面物質方面的，可以分你我；人類的心，則是非生理的，屬於精神方面的，在其本質上早就是共通公有的，不能强分你我了。

明白言之，所謂「心」者，不過是種種記憶思想之積集，而種種記憶思想，則待運用語言文字而完成，語言文字不是我所私有，心如何能成爲我所私有呢？只要你通習了你的社會人羣裏所公用的那種語言文字，你便能接受你的社會人羣裏的種種記憶和思想。那些博覽典籍，精治歷史和哲學的學者們，此處且不論，即就一個不識字的人言，只要他能講話，他便接受了無可計量的他的那個社會人羣裏的種種記憶和思想，充滿到他腦子裏，而形成了他的心。

設若有一個人，生而即聾，絕對聽不到外面的聲音，因而他自始便不能學習言語；又是生而即盲，因此他也不能學習和運用人類所發明的種種文字和符號。這一個人，應該只可說他有腦子，卻不能說他有心。他應該只能有知覺，不能有記憶和思想。他縱有記憶和思想，也只能和其他高級動物般，照我們上面所論，他也只可說能接觸到外面的物質界，不能接觸到外面的精神界，即人類之心靈界。因此他只是一個有腦無心的人，只是一個過着物質生活不能接觸精神生活的人。

根據上述，我們所謂的精神，並不是自然界先天存在的東西，它乃是在人文社會中由歷史演進而來。但就個人論，則它確有超小我的客觀存在。換言之，它確是先天的。

（民國三十七年六月八日上海申報副刊學津第二十

七期，四十八年二月人生雜誌十七卷六期重載。）

三　情與欲

人生最真切可靠的，應該是他當下的心覺了。但心覺卻又最跳脫，最不易把捉。純由人之內心覺感言，人生儼如一大瀑流，刹那刹那跳動變滅，刻刻不停留。當下現前，倏忽即逝，無法控摶，無法凝止。任何人要緊密用心在他的當下現前，便會感此苦。你的心不在奔向未來，即在繫戀過去。若我們把前者說是希望，後者說是記憶，人生大流似乎被希望和記憶平分了。你若把記憶全部毀滅，此無異把你全部人生取消，但亦絕對沒有對未來絕無希冀的人生。惟在此兩者間，多少總有些偏輕偏重。有的是記憶強勝過希望，有的是希望支配了記憶，絕難在兩者間調停平勻，不偏不倚的。然而正因這偏輕偏重，而造出人生之絕大差異來。

我們姑如此說，人生有「偏向前」（多希望未來）和「偏向後」（重記憶過去）之兩型。向後型的特徵，最顯著的是愛好歷史。歷史全是人生過往之記錄。向前型的人，對此不耐煩，他們急要向前，急要闖向未來不可知之域，他們不要現實，要理想。重歷史的人，只從現實中建立理想；急向未來的，則要建立了理想來改造現實。文學中的小說劇本，有些多從此種要求下產生。他們好像在描寫人生，但實際多是描寫他心中所理想的未來人生的。但未來人生到底不可知，你若屢要向此方闖進，你自會感到像有一種力量，或說命運，在外面擺佈你、作弄你，他是如何般有力，又是如何般冷酷而可悲。你若認爲過去的全過去了，不屬你的分，當知未來的又是如何般渺茫、錯縱，而多變化呀！凡屬未來的，全不由你作主，也同樣地不屬於你。你的未來逐步展開，將證明你的理想逐步不真切，或是逐步而退讓變質。你若硬守住個人的希望不放鬆，硬要向前闖，那多半會造成悲劇。一切小說劇本裏的最高境界，也一定是悲劇的。

種桑長江邊，這是何等的不穩妥，因此向前型的人生，很容易從小說劇本轉入宗教。宗教和小說的人生，同樣在未來希望中支撐，只宗教是把未來希望更移後，索性把來移入別一世界，上帝和天國，根本不是這世界的事，把此作爲你的未來希望，這無異說，你對此現世更不希望了。因此宗教也是一悲劇，只是把最後一幕無限移緩。宗教的人生，依然是戲劇的、小說的人生，同是抱着未來希望撲進不可知之數，而堅決不肯退讓的一種向前型的人性之熱烈的表示。

歷史人生卻不然。他之回憶過去，更重於懸想未來。過去是過去了，但在你心上，豈不留着他一片記憶嗎？這些痕跡，你要保留，誰能來剝奪你？那是你對人生的真實收穫，可以永藏心坎，永不褪滅的。人生不斷向前，未必趕上了你所希望，而且或離希望更遠了。希望逐步幻滅，記憶卻逐步增添，逐步豐富了。人生無所得，只有記憶，是人人可以安分守己不勞而獲的。那是生活對人生惟一真實的禮物，你該什襲珍藏吧！

中國的國民性，大體應屬「向後型」，因此歷史的發達，勝過了文學，在文學中小說、劇本又是最不發達的兩項目。依照中國人觀念，奔向未來者是欲，戀念過去者是情；不惜犧牲過去來滿足未來者是欲，寧願犧牲未來來遷就過去者是情。中國人觀念，重「情」不重「欲」。男女之間往往「欲勝情」，夫婦之間便成「情勝欲」，中國文學裏的男女，很少向未來的熱戀，卻多對過去之深情，中國觀念稱此爲人道之「厚」，因此說「溫柔敦厚詩教也」。又說「慎終追遠，民德歸厚矣」。又說「一死一生乃見交情」，只能你不忘過去。把死的同樣當活的看。其實這種感情亦可是極熱烈、極浪漫，只不是文學的，而轉成爲倫理的與道德的。

西方人的愛，重在未來幸福上；中國人的愛，重在過去情義上。西方人把死者交付給上帝；中國人則把死者永遠保藏在自己心中。中國人往往看不起爲個人的未來命運而奮鬥，他們主張安命，因此每不能打開局面來創造新的。只對舊的極迴護，極保守，只要一塗上他的記憶面，他總想盡力保存，不使他模糊消失，或變色了。這也是另一種堅强有力的人生，力量全用在自己內心深處。他並不是對未來不希望，他所希望的，偏重在他所回念的，他緊握着過去，做他未來生活的基準。他對過去，付以最切摯的真情，只要你一侵入他的記憶，他便把你當作他的生命之一部分，決不肯放鬆。忠呀！孝呀！全是這道理。初看好像死守在一點上，其實可以無往而不自得。要他向前，似乎累重吃力，但他向前一步，卻有向前一步之所得，決不會落空。他把未來扭搭上過去，把自己扭轉向別人。把死生、人我打成一片。但對自己個人的未來幸福，卻像没有多大憧憬般。

向後型的文化展演也會有宗教，但也和向前型的不同。向前型的注重希望，注重祈求；向後型的注重回念，注重報答。中國宗教也和中國文學般，在中國人觀念裏仍可說是情勝於欲的。是報恩重於求福的。向前型的不滿現狀，向前追求，因此感到上帝仍還在他之前，而他回顧人生，卻不免要自感其渺小而且可厭了，因此纔發展成「性惡論」。向後型的人，對已往現實表示滿足，好像上帝已賦與我以一切了。我只該感恩圖報，只求盡其在我，似乎我再不該向上帝別有期求了。如是卻使人生自我地位提高，於是發展出「性善論」。我們也可說，前者的上帝是超越的；而後者的上帝則轉成內在的。人類心上之向前向後，各自一番的偏輕偏重，而走上各自的路，埋怨也罷，羨慕也罷，這都是人性之莊嚴，誰又不該莊嚴你自己的人性呢？

（民國三十七年六月十五日上海申報副刊學津第二十八期，四十八年三月人生雜誌十七卷九期重載。）

四 理與氣

朱子「理先氣後」的主張，自明儒羅整菴以後，幾乎人人都反對了，王船山又把這問題應用到「道器」問題上來，他說「有器而後有道，沒有器，便不能有那器的道」。竊謂此問題，若遠溯之，應該從佛家之「體用」說來。一般的說法，應該先有體後有用。氣與器相應於體，理與道相應於用，若從天地間自然界物質界而言，誠然應該說先有器，乃有器之道；先有體，乃有體之用。也可說必先有了氣，乃有氣之理。但天地間尚有生命界，與物質界略有辨，尚有人文界與自然界略有辨。大抵自然界與物質界，多屬無所爲而爲。而生命界與人文界，則多屬有所爲而爲。凡屬「無爲」的，自可說「體先於用」；凡屬「有爲」的，卻應該說「用先於體」。若說用先於體，則也可說「理先於氣」。如是則朱子理先氣後的主張，在人文界仍有他應有之地位，不可一筆抹殺。

我們只須從生物進化的常識爲據，一切生命，直從最低的原形蟲，乃至植物動物，那一個機體不從生命意志演變而來呢?就人而論，人身全體，全從一個生命意志的本原上演出。因生命要有視之用，始創出了目之體。因生命要有聽之用，始創出了耳之體。因生命要有行之用，始創出了足之體。後來生命又要有持捉之用，才從四足演化出兩手。「生命」只是一個「用」，「人身」乃是一個「體」，並不是有了人身之體始有生命之用，實在是先有了生命之用乃創演出人身之體來。若把此意用朱子語說之，應該是先有了視之理，而後有目之氣。先有了聽之理，而後有耳之氣。先有了人之理，乃始有人之氣。也可說先有生命之道，乃始有生命之器。但若說到物質界、自然界無爲的一面，則必先有了水與石之氣，始有水與石之理，先有了火與刀之體，乃有火與刀之用，如是則兩說實各得真理之一面。

一切自然界物質界，苟經人文方面之創造與製作，則一樣可以應用「理先於氣」、「用先於體」之說來說明。如建築一房屋，不能說先有了門窗牆壁種種體，始合成一房屋之用，其實乃是人心上先有房屋之用一要求，或說人之意象中先存在有一房屋之用，而後房屋之實體乃始出現而完成。一切門窗牆壁，皆在整個房屋之用上有其意義而始得形成。正如耳目口鼻手足胸腹，全在人的生命之用上有其意義而存在。並非先有了耳目口鼻手足胸腹各部分，再拼搭成一身，同樣理由，也非由門窗牆壁各部分拼搭出一間屋。屋之用早先於窗户牆壁而存在。正如生命早先人身之體而存在。

其實此理在莊老道家已先言之。老子說，「有之以爲利，無之以爲用」，那時尚不用體用二字，其實老子意，正是說「有之以爲體，無之以爲用」。何以明之？老子先云：「三十輻共一轂，當其無，有車之用。埏埴以爲器，當其無，有器之用。鑿户牖以爲室，當其無，有室之用」，據我上面所說，若論體，則只有户牖之體，只有房屋之各部分有體，除卻房屋之各部分，更没有所謂房屋存在了。把房屋分析開，拆散了，則成爲户牖等種種體；把户牖等種種體配合拼起來，則成爲房屋之用。車與器亦然。故户牖屬有，房屋屬無。拆去了户牖等等，便無房屋，故房屋只是一用，而非體。户牖等始是體。但户牖等雖各有體，而其爲體，若離開房屋之全部，則並無存在之價值，換言之，即成無用了。户牖等乃配合於房屋之全部而始有其價值，始有户牖等之用。換言之，只是房屋有價值，只是房屋始有用。正如耳目口鼻雖各有體，而合爲一生命之用，若没有生命，耳目視聽尚復何用。而生命實無體，只有用，故老子說，「有之以爲利，無之以爲用」。這猶如說有是體，無是用，或反之說用是無，體是有。老子說「有生於無」，正如說「體生於用」，也如說「器生於道」。但老子所據也只是車器房屋之類，正是我所說屬於人文創製方面者，不屬於自然無爲方面者。

再以佛家理論言之，佛家理論慣把一切的體拆卸，把一切體拆卸了，那用也不見了。佛家所謂「涅槃」，也可說要消滅此一「用」，此一用消失了，則體也自不存在。叔本華哲學中之所謂「生活意志」，也就是此用。一切體由此用而來，但此等說法，只該用在人文有爲方面，不該用在自然無爲方面。若用到自然方面去，則此最先之用，勢必歸宿到上帝身上，如是則成爲「體用一源」。變成爲上帝創世造物的宗教理論。禪宗則僅就人生立說，不管整個宇宙，故他們以「作用」爲性，不是先有了體乃有性，乃是先有了性乃有體，把此「生」的作用取消，則人文界自然會消滅。可見禪宗此等理論仍還是佛家之本色。宋儒接受了佛家此一義，但他們不主張取消人文界，故要說理先於氣。因要避說體用，故纔只說「理氣」。因作用可取消，理卻不該取消。故佛家以「作用」爲性，而宋儒則改作以「理」爲性。其實二者所指，皆屬「無」的一邊，皆屬「用」的一邊。皆是主張「有生於無」，「用先於體」，亦皆與道家立論相似。其實只要着眼在人文有爲方面的，必然要主張此一義。

再從體用說到內外，則應該先有內，再有外。莊子說「內聖外王」，後儒則說「明體達用」。其實內聖始能外王，內聖屬「無」屬「用」，外王屬「有」屬「體」。在莊子說來並無語病。若說明體達用，則該轉說成「明用達體」。苟不先明其用，則體並無從而有。體只是外面有的一面，用始是內面無的一面。因此體易見，用難知。一切科學發明，用我前述人文創製由無生有、明用達體之說，並可會通。朱子說「理先於氣」，由今人說之，則應謂未有飛機，先有飛機之理。若此「理」字認作「用」的意象，則人心必先有了要凌空而飛之一種用的要求，乃有飛機之實體產生，語本無病。但若必先認真有此一理，先實物而存在，則宇宙間勢必先存在着億兆京陔無窮無盡之理。於是勢必有一位上帝來高踞在此無窮無盡億兆京陔之理之上了。故柏拉圖的理念論，勢必與基督教之上帝觀念合流了。正爲其混並無爲界與有爲界而不加分別以爲說，則勢必達於此。講哲學的喜歡主張一個超實在的形上的精神界或本體之存在，這些全是上帝觀念之變相。因此他們說體用，反而說成無的爲體，有的爲用了。若把朱子的理字死看了也如此。

（民國三十七年六月二十二日上海申報副刊學津第二十九期，四十八年三月人生雜誌十七卷九期重載。）

五　陰與陽

陰陽是兩相對立，同時並起的。若必加分別，則應該是陰先陽後。讓我們把男女兩性來講，男女異性似乎是兩相對立，同時並起的。但照生物進化大例言，當其没有雌雄男女之別以前，即以單細胞下等生物言，他的生育機能早已具有了。生育是女性的特徵，可見生物應該先具有女性，逐步演化，而再始有男性，從女性中分出。女性屬陰，男性屬陽，故說陰先陽後。

再言之，從無生命的物質中演化出生命，物質屬陰，生命屬陽，此亦陰先陽後。若論死生，應該先有死，後有生。死不僅是生命之消散，同時也還是生命之未完成。生由死出，而復歸於死，如是則仍是陰先陽後。

老莊言，天地萬物生於有，有出於無，而還歸於無。生命來自物質，又歸入物質。文化出於自然，又復歸於自然。一切皆如此。若用中國人陰陽觀念言，應云「陽出於陰，而復歸於陰」。陰陽之序列，不單是一先後的問題，乃是陽依附於陰而存在。没有陽之前可以先有陰，没有陽之後仍可以有陰。但若没有了陰，亦絕不能再有陽。易經以乾、坤兩卦代表陰陽。乾德爲「健」，坤德爲「順」。健是動，順也不就是靜，其實順還是動，只是健屬「主動」，順屬「隨動」。何以不說被動而云隨動？因被動是甲物被乙物推動，隨動是甲物隨順乙物而自動。主動和隨動一樣是「自動」，只是一先一後之間有分別。至於被動則並非自動，只是他動而已。

今論自然界，似乎徹首徹尾，只該有順動，不見有主動。或可說只有自動，沒有主宰此動或生出此動之另一動。甲順隨乙，乙又順隨丙，丙順隨丁，丁順隨戊，如是以至無限無極，相互牽連相互推排，找不出一個起點，尋不出一個主腦，一切順隨，一切無自性。換言之，卻即是一切自然。若你要在自然界中定尋出一主腦，定指出一起點，那便是宗教信仰的上帝創世了。否則自然只是自然，隨動只是隨動，一個挨一個，一層挨一層，沒有頭，沒有腦，此之謂「無極」。無極是前無起，後無止，誰也不主張誰，如是則一切隨動等於不動，因此亦謂之「靜」。

中國道家看準了這一點，所以六十四卦始於「歸藏」。萬物原於坤，復歸藏於坤，歸藏是最終極的，同時又是最原始的。但你若以坤卦爲原始卦，則又教人想到一切動作有一個最先的開始，若有一個最先的開始，則此一開始決非隨動而是主動了。則請問主此動者繫誰？在人類知識裏，實在找不出自然界的主動來，只見一切動作皆是隨動，故道家不稱坤卦爲原始，而稱之曰「歸藏」，歸藏也並不是消滅或完了。有人想，由物質界演出生命，由生命界演出人類，由人類演出文化，似乎逐步展演，永無止境，其實一切展演，到底還是要回歸於自然，一步也前不得。道家暢闡此義，故名坤卦曰歸藏，而定爲六十四卦之第一卦。

儒家不主張自然而推尊「人文」，就人以言人，人類由自然界生命界動物界展演而來，又由人類展演出高深的文化。人文所與自然不同者，最主要的便是他有一個「主動」，由自然展演而爲人文，即是由隨動中展演出主動來。試再舉男女兩性言之，在單細胞生物沒有分別雌雄男女以前，生物界只有生生不息而已。此一種生命意志之生生不息，永永向前，實在已有了一點主動的精神，侵入了自然界隨動的範圍。應該說是從自然界隨動的範圍內積久醞釀而產出此一點主動的精神。但那種生生不息，永永向前的一點主動精神，到底不鮮明，不健旺，還是隨動意味多，主動意味少。換言之，還是不脫自然姿態。自從雌性中分出了雄性，女性中分出了男性，於是主動隨動之別更鮮明了。男性雄性是代表了主動。雌性女性則代表了隨順。故由有雄性男性而生活意志之主動形式更鮮明更强烈。這是生命界一大進化。我們不妨説，自然界以順動爲特徵，人文界以主動爲特徵，人文演進之大例，即在爭取主動。儒家就人論人，故取乾卦爲第一卦。

就自然界言，是陰先於陽。就人文界言，應該陽光於陰，爭取主動來支配自然界的一切隨動。但人文主動，本亦從自然隨動中演出，而且他自有一個極限，其最後歸宿仍必回入自然。此層儒家深知之，故乾卦六爻，初爻「潛龍勿用」，上爻「亢龍有悔」，又説「羣龍無首，吉」。這些都是要在爭取主動中間仍不違背了順動之大法。在創進文化大道上，要依然不遠離了自然則律。若荀子所謂的「戡天主義」，實非儒家精神。

陰陽又代表人世間的君子與小人。依照上述理論，君子從小人中間產出，他還是依附於小人而存在，而且最後仍須回歸於小人。猶譬如從自然中產生文化，文化依然要依附自然而回歸於自然。所以小人常可以起意來反對君子，君子卻始終存心領導小人，決不反對小人。小人可以起意殘害君子，君子卻始終存心護養小人，決不殘害小人。從小人中間產生出君子，再淺譬之，猶如樹上開花，樹可以不要花，花不能不要樹。自然可以不要文化，文化不能不要自然。同樣，自然可以毀滅文化，文化斷不能毀滅自然。但人文主義者，則仍自以文化爲重，君子爲貴。

（民國三十七年六月二十九日上海申報副刊學津第三十期，四十八年四月人生雜誌十七卷十期重載。）

六　藝術與科學

清晨披讀報紙，國內國外，各方電訊，逐一瀏覽，你若稍加敏感，你將覺得世界任何一角落，出了任何一些事，都可和你目前生活相關。中國詩人用的「世網」二字，現在更見確切。世界真如一口網，橫一條，竪一條，東牽西拉，把你緊緊綑紮在裏面。你若住在繁華都市，如上海之類，你拋棄報紙走向街中，你將更感到外面火辣辣，亂哄哄，不由得你心裏不緊張，要耳聽四面，眼看八方。總之，目前的科學愈發達，世界愈擠得緊了，人生因此愈感得外面壓迫，沒有迴旋餘地。個人小我的地位幾乎要沒有了。只有在傍晚或深夜，當你把當天業務料理粗完，又值沒有別人打擾，偶爾覺得心頭放鬆，可有悠然的片晌。否則或暫時抽身到山水勝地或鄉村靜僻處，休假一兩日，你那時的心境，真將如倦鳥歸林，一切放下，一切鬆開。你將說這纔是我真的人生呀！

讓我們記取上面一節話，把想像提前一兩個世紀，乃至七八百年，一兩千年，那時的人生又是怎樣呢？不用說，在那時，現代科學尚未興起，世界是鬆散的，不緊湊；人生是閒漫的，不慌張。你爲你，我爲我，比較地可以各不相干。他們外面的世界，物質的環境，比我們狹小；但他們內部的天地，心上的世界，卻比我們寬大。淺言之，他們的日常生活，大體上應是常如我們每天傍晚下了公事房，或者常如我們在週末下午與星期日，他們日子過得較舒閒、較寬適，或可說他們畢生常如我們在春假的旅行中。你不妨把一個農村和一個工廠相比。農夫在田野工作，和工人在廠房工作，他們的心境和情緒上之不同，你是知道的，又譬如設想在海港埠頭上的一個旅館，和在深山裏的一個佛寺，當你和一大批遠道經商的隊伍，初從海輪上渡到這埠頭上的旅館裏來，和你伴隨二三友朋，坐了山轎，或跨了小驢，尋訪到一個大樹參天下的古寺的山門口相比，你將約略明白得現代生活和古代生活在人的內心上之差別處。

但話又說回來，古代的人，祇要是敏感的，他又何嘗不覺到是身嬰世網呢？而且他們的感覺，會比我們更靈敏，更強烈。他們的時代，脫離渾渾噩噩的上古還不遠，正如一匹野馬，初加上轡頭鞍勒，他會時時回想到他的長林豐草。待他羈軛已久，他也漸漸淡忘了。又如一支燭光，在靜室裏，沒有外面風吹，他的光輝自然更亮更大。古代人受外面刺激少，現代人受外面刺激多。一支燭點在靜庭，一支燭點在風裏，光輝照耀，自然不同。古代人的心靈，宜乎要比現代人更敏感。一切宗教、文學、藝術，凡屬內心光輝所發，宜乎是今不如昔了。

古代生活如看走馬燈，現代生活如看萬花筒，總之是世態紛紜，變幻無窮。外面刺激多，不期而內面積疊也多。譬如一間屋，不斷有東西從窗外塞進來，塞多了，堆滿了一屋子，黑㰀㰀，使人轉動不得。那裏再顧得到光線和空氣。現代人好像認爲屋裏東西塞實了是應該的，他們只注意在如何整疊他屋裏的東西。古代人似乎還了解空屋的用處，他們老不喜讓外面東西隨便塞進去。他常要打疊得屋宇清潔，好自由起坐。他常要使自己心上空蕩蕩不放一物，至少像你有時的一個禮拜六的下午一般。憧憬太古，回嚮自然，這是人類初脫草昧，文化曙光初啟時，在他們心靈深處最易發出的一段光輝。一切大宗教、大藝術、大文學都從這裏萌芽開發。

物質的人生，職業的人生，是各別的。一面把相互間的人生關係拉緊，一面又把相互間的人生關係隔絕。若使你能把千斤擔子一齊放下，把心頭一切刺激積累，打掃得一乾二淨，驟然間感到空蕩蕩地，那時你的心開始從外面解放了，但同時也開始和外面融洽了。內外彼此凝成一片，更沒有分別了。你那時的心境，雖是最剎那的，但又是最永恒的。何以故？剎那剎那的心態，莫不沾染上一些色彩，莫不粧扮成一些花樣，從這些花樣和色彩上，把心和心各別了，隔離了。只有一種空無所有的心境，是最難覿面，最難體到的。但那個空無所有的心境，卻是廣大會通的。你我的心不能相像，只有空無所有的心是你我無別的。前一刻的心不能像後一刻，只有空無所有的心，是萬古常然的。你若遇見了這個空無所有的心，你便不啻遇見了千千萬萬的心，世世代代的心，這是古代真的宗教、藝術、文學的共同泉源。最剎那卻是最永恒，最空洞卻是最真切。我們若把這一種心態稱之爲最藝術的心態，則由這一種心態而展演出的人生，亦即是最「藝術的人生」。

科學發展了，世界的網線拉緊了，物質生活、職業生活愈趨分化，社會愈複雜，個人生活愈多受外面的刺激和綑縛，心與心之間愈形隔離，宗教、藝術、文學逐步衰頹，較之已往是遠爲退步了。「科學」與「藝術」似乎成爲相反的兩趨勢，這是現代敏感的人發出的歎聲。但人生總是一個人生，論其枝末處，儘可千差萬別。尋根溯源，豈不仍從同一個人生上出發？

科學似乎是重量不重質的，他們慣把極複雜的分析到極單純，把極具體的轉化到極抽象。數學和幾何，號爲最科學的科學，形和數，只是些形式，更無內容，因而可以推概一切。從此領導出現代科學種種的門類。人事則最具體、最複雜、最難推概，人生不能說僅是一個形式，人事不能把數字來衡量、來計算。但你若能把人事單純化、抽象化，使人生也到達一個只具形式更無內容的境界，豈不便是人生科學化的一條大路嗎？

一切人事的出發點，由於人的心，現在把心的內容簡單化了，純淨化了，把心上一切渣滓澄澱，把心上一切塗染洗滌，使此心時常回到太古乃至自然境界，讓他空蕩蕩地，不着一物，那時則一念萬念，萬念一念，也像是只有量，不見質了，那豈不如幾何學上一個三角一個圓，豈不如數學上的二加二等於四。你若能把捉到此處，這是佛家所謂父母未生以前的本來面目呀！父母未生以前，那裏還有本來面目？這不過是說這一個心態，是一切心態之母，一切心態都從此心態演出。好像科學上種種理論，都可從形數最基本的推理逐步演出一般。

再譬之，這一心態，也可說恰如最近科學界所發明的原子能。種種物質的一切能力都從此能上展演。不論宗教、藝術、文學，人類的一切智慧，一切心力，也應該都從這一源頭上汲取。如你能把自己的心，層層洗剝，節節切斷，到得一個空無所有，塊然獨立的階段，便是你對人生科學化已做了一個最費工夫而又最基本的實驗。科學人生與藝術人生，在此會通，在此綰合了。

人文本從自然中演出，但人文愈發展，距離自然愈疏遠。距離自然愈疏遠，則人文的病害愈曝著。只有上述的一個心態，那是人文和自然之交點。人類開始從這點上游離自然而走上文化的路。我們要文化常健旺，少病痛，要使個人人生常感得自在舒適，少受綑縛，只有時時回復到這一個心態上，再來吸取外面大自然的精英。這是一個方便法門，文化圈子裏的人明白了這一個方便法門，便可隨時神遊太古，隨時回歸自然了。西方社會在科學文明極發達的環境裏，幸而還有他們的宗教生活，無意中常把他們領回到這一條路上去。

中國社會宗教不發達，但對上述的這一個藝術人生和科學人生的會通點，即自然和人文的交叉點，卻從來便有不少的經驗和修養。中國已往，便有不少極高深的理論，和極精微的方法，在這方面指導。我們在此世網重重的綑縛中，對當前科學世界的物質生活若感到有些困倦或苦痛，何不試去看幾篇莊子，或唐代的禪宗乃至宋明理學家言，他們將爲你闡述這一個方便法門，他們將使你接觸上這一個交叉點，他們將使你在日常生活中平地添出無限精力，發生無限光輝。

（此文作於民國三十七年春，刊於四十八年四月人生雜誌十七卷十期。）

七　無我與不朽

古今中外，討論人生問題，似乎有兩個大理論是多少相同的。一是「無我」，一是「不朽」。初看若相衝突，既要無我，如何又說不朽。但細辨實相一致，正因爲無我，所以才不朽。

人人覺得有個我，其實我在那裏，誰也說不出。正因爲在不知何年代以前的人，他們爲說話之方便或需要，發明運用了這一個「我」字。以後的人將名作實，便認爲天地間確有這一個我。正如說天下雨，其實何嘗真有一個天在那裏做下雨的工作呢？法國哲人笛卡爾曾說：「我思故我在。」其實說我在思想，豈不猶如說天在下雨？我只能知道我的思想，但我的思想不是我，正猶如我的身體不就是我。若說我的身體是我，那我的一爪一髮是不是我呢？若一爪一髮不是我，一念一想如何又是我呢？當知我們日常所接觸、覺知者，只是些「我的」，而不是「我」。

如何叫「我的」呢？若仔細推求，一切「我的」也非「我的」。先就物質生活論，說這件衣服是我的，試問此語如何講？一件衣服的最要成分是質料和式樣。但此衣服的質料，並非我所發明，也非我所製造，遠在我縫製此衣服以前，那衣服的質料早已存在，由不少廠家，大量紡織，大批推銷，行遍世界。那件衣服的質料，試問於我何關呢？若論式樣，也非由我創出，這是社會一時風行，我亦照此縫製。那衣服的質料和式樣，都不由我，試問：說這件衣服是我的，這「我的」二字所指緊何？原來只是這件衣服，由我穿着，歸我使用，那件衣服的所有權暫屬於我，因而說是我的。豈不是這樣嗎？試跑進皮鞋舖，那玻璃櫃裏羅列着各種各樣的皮鞋，質料的製成，花式的規劃，都和我不相干。待我付出相當價格，把一雙皮鞋套上腳，便算是我的了。其實少了一個我，那些紡織廠裏的衣料，皮鞋作裏的皮鞋，一樣風行，一樣推銷，一切超我而存在，與我又何關呢？同樣理由，烹飪的質和味，建築的料和樣，行路的工具與設備，凡屬物質生活方面的一切，都先我而存在，超然獨立於我之外，並不與我同歸消滅。你卻說是「我的」，如何真算是「我的」呢？外面早有這一套，把你裝進去，你卻說這是「我的」，認真說，你才是他的。

其次說到集團社羣生活，如我的家庭，我的學校，我的鄉里，我的國家，說來都是我的，其實也都不是我的。單就家庭論，以前是大家庭制，現下是小家庭制。以前有一夫多妻，現在是一夫一妻。以前是父母之命媒妁之言，現在是自由戀愛。以前的父母、兄弟、婆媳、妯娌之間的種種關係，現下都變了，試問是由於我的意見而變的嗎？還不是先有了那樣的家庭纔把我裝進去，正猶先有了那雙皮鞋讓我穿上腳一般，並非由我來創造那樣的家庭，這又如何是我的呢？我的家庭還不是和你的家庭一般，正猶如我的皮鞋也和你的皮鞋一般，反正都在皮鞋舖裏買來，並不由你我自己作主。家庭組織乃至學校國家一切組織，也何嘗由我作主，由我設計的呢？他們還是先我而存在，超然獨立於我之外，並不與我同盡，外面早有了這一套，無端把我填進去。所以說我是被穿上這雙皮鞋的，我是被生在這個家庭的，同樣，我是他的，他不是我的。

再說到內心精神生活，像我的愛好，我的信仰，我的思想等。我喜歡音樂戲劇，我喜歡聽梅蘭芳的唱，其實這又何嘗是我的愛好呢？先有了梅蘭芳的唱之一種愛好，而把我裝進去，梅蘭芳的唱，也還如皮鞋舖裏一雙鞋，並不由我的愛好而有，也並不會缺了我的愛好而便沒有。我愛好杜工部詩，我信仰耶穌教，都是一般。世上先有了對杜工部詩的愛好，先有了對耶穌教的信仰，而我被加進了。豈止耶穌教不能說是我的信仰，而且也不好便說這是耶穌的信仰。若你仔細分析耶穌的信仰，其實在耶穌之前已有了，在耶穌之後也仍有，耶穌也不能說那些只是我的信仰。任何一個人的思想，嚴格講來，不能說是「他的」思想。那裏有一個人會獨自有他的「我的思想」的呢？因此嚴格地說，天地間絕沒有真正的「我的思想」，因此也就沒有「我的」，也便沒有「我」。

有人說，人生如演劇，這話也有幾分真理。劇本是現成的，你只袍笏登場，只扮演那劇中一個角色。扮演角色的人換了，那劇本還是照常上演。當我生來此世，一切穿的吃的住的行的，家庭、國家、社會、藝術愛好、宗教信仰、哲理思維，如一本劇本般，先存在了，我只挑了生、旦、淨、丑中一個角色參加表演，待我退場了，換上另一個角色，那劇本依然在表演。凡你當場所表演的，你那能認真說是我呢？你當場的一切言語動作，歌哭悲懽；那能認真說是我的呢？所以演劇的人生觀，卻比較接近於「無我」的人生觀。

但如何又不朽呢？這一切已在上面說過，凡屬超我而存在，外於我而獨立，不與我而俱盡的，那都是不朽。所以你若參加穿皮鞋，並沒有參加了不朽的人生，只有參加做皮鞋的比較是不朽。

參加住屋，不如參加造屋。參加聽戲，不如參加演戲，更不如參加編劇與作曲。人生和演劇畢竟不同，因人生同時是劇員，而同時又是編劇者作曲人。一方無我，一方卻是不朽。一般人都相信，人死了，靈魂還存在，這是不朽。中國古人卻說立德、立功、立言為三不朽，凡屬德、功、言，都成為社羣之共同的，超小我而獨立存在，有其客觀的發展。我們也可說，這正是死者的靈魂，在這上面依附存在而表現了。

（此文作於民國三十七年春，刊於四十八年四月人生雜誌十七卷十期。）

八　成色與分兩

陽明良知之學，本自明白易簡，只爲墮入心本體的探索中，遂又轉到了渺茫虛空的路上去。

陽明自己說：

目無體，以萬物之色爲體。耳無體，以萬物之聲爲體。鼻無體，以萬物之臭爲體。口無體，以萬物之味爲體。心無體，以天地萬物感應之是非爲體。

可見要尋求心體，只在天地萬物感應是非上尋，那有關門獨坐，隔絕了萬物感應，來探索心體的。江右聶雙江、羅念菴主張「歸寂守靜」，縱說可以挽救王學之流弊，但江右之學本身也仍然有流弊。錢緒山、王龍溪親炙陽明最久，他們對江右立說，多持異議。緒山說：

斑垢駁雜，可以積在鏡上，而加磨去之功。良知虛靈非物，斑垢駁雜停於何所。磨之之功又於何所？今所指吾心之斑垢駁雜，乃是氣拘物蔽，由人情事物之感而後有。如何又於未涉人情事物之感之前，而先加致之之功？

又說：

明不可先有色，聰不可先有聲。目無一色，故能盡萬物之色。耳無一聲，故能盡萬物之聲。心無一善，故能盡天下萬事之善。今人乍見孺子入井，皆有怵惕惻隱之心，是謂善矣。然未見孺子之前，豈先加講求之功，預有此善以爲之則？抑虛靈觸發，其機自不能已。先師曰「無善無惡者心之體」，正對後世格物窮理之學爲先有乎善者立言。又說：

未發寂然之體，未嘗離家國天下之感，而別有一物在其中，即家國天下之感之中而未發寂然者在焉。離已發求未發，必不可得。久之則養成一種枯寂之病，認虛景爲實得，擬知見爲性眞。

這些話，皆極透切。我們正該從兩面鑑定衡平地來會合而善觀之始得。後來梨洲偏說江右得陽明眞傳，緒山龍溪在師門宗旨，不能無毫釐之差，此因後來僞良知現成良知太流行，故他說來，要偏向一面耳。

何以陽明學會流入僞良知現成良知接近狂禪的一路？又何以要產生出江右一派「歸寂主靜」來探索心體之說作矯挽？這裏至少有一層理由，不妨略述。

陽明原來有「成色」和「分兩」的辨論，去人欲，存天理，猶鍊金而求其足色。是你自知是，非你自知非，你只致你良知，是的便行，非的便去，這是愚夫愚婦與知與能的。但到此只是幾錢幾分的黃金，成色雖足，分兩卻輕。堯、舜、孔、孟，究竟不僅成色純，還是分兩重。即如陽明拔本塞源論裏所說，如稷勤稼，契善教，夔司樂，夷通禮。到底那些聖人不僅是成色純了，同時還是分兩重，稼吧、教吧、樂吧、禮吧，那些都是分兩邊事，不是成色邊事。孟子說：

有大人之事，有小人之事。

我們若說「心事合一」，又如何只求大人之心，不問大人之事呢？堯舜着意在治天下，稷、契、夔、夷着意在稼、教、禮、樂，成色因專一而純了，分兩也因專一而重。故良知之學，第一固在鍛鍊成色，這個鍛鍊，應該明白簡易，愚婦愚夫與知與能，陽明傳習錄裏，多半是說的這一類。至於羅念菴聶雙江守靜歸寂，發悟心體，這卻不是愚夫愚婦所知所能。緒山答念菴書說：

凡爲愚夫愚婦立法者，皆聖人之言也。爲聖人說道妙發性眞者，非聖人之言。

依照緒山此說，陽明說話本爲愚夫愚婦立法。而學陽明的人，心裏卻早有一傾向，他們並不甘爲愚夫愚婦，他們都想成大聖大賢。若要成大聖大賢，固須從鍛鍊成色，不失爲一愚夫愚婦做起，但亦不該只問成色，只在愚夫愚婦境界。他還須注意到孟子所謂的大人之事。不應儘說只是灑掃應對，便可直上達天德。何況連灑掃應對都嬾，卻來閉門獨坐，守靜歸寂。孔子說：

十室之邑，必有忠信如丘者焉，不如丘之好學也。

天下那有不忠不信的聖賢，但只是忠信，則十室之邑有之，雖是黃金，成色非不足，分兩究嫌輕。稷、契、夔、夷是以忠信孝弟之心來做稼教禮樂之事。你儘學稼教禮樂，反而離了忠信孝弟；儘想學大聖大賢，反而違離了愚夫愚婦，固不是。但也不該老在成色上學聖賢，只講忠信孝弟，不問稼教禮樂。於是高明豁達的不免要張皇做作，走上僞良知狂禪的路。沉潛謹厚的，便反過身來走江右路子。其實聖賢路程並不如此。若以愚夫愚婦與知與能者亦爲聖賢，則愚夫愚婦之忠信孝弟，成色十足，是一個起碼聖賢。堯、舜、孔、孟、稷、契、夔、夷分量重的，是傑出的聖賢，透格的聖賢。你若不甘做起碼聖賢，而定要做透格聖賢，還得於成色分兩上一並用心。

於此便連想到朱子。朱子（答林擇之）曾說過：

疑古人先從小學中涵養成就，所以大學之道，只從格物做起。今人從前無此工夫，但見大學以格物爲先，便欲只以思慮知識求之，更不於操存處用力。縱使窺測得十分，亦無實地可據。

可見朱子說格物窮理，只是大學始教。大學以前還有一段小學，則須用涵養工夫，使在心地上識得一端緒，再從而窮格。若會通於我上面所說，做起碼聖人是小學工夫，做傑出透格聖人是大學工夫。先求成色之純，再論分兩之重，這兩者自然要一以貫之，合外內，徹終始。稷勤稼，因其性近稼；契司教，因其性近教，斷不能只求增分兩，而反把成色弄雜了。但亦不能只論成色，不問分兩。巨屨小屨同價，硬說百兩一錢，同樣是黃金，卻不說那塊黃金只重一錢，那塊黃金則重百兩。

如是言之，則陽明「良知學」，實在也只是一種「小學」，即小人之學。用今語釋之，是一種「平民大衆的普通學」。先教平民大衆都能做一個起碼聖人。從此再進一步，晦翁的「格物窮理」之學，始是大事，即大人之學。用今語釋之，乃是社會上一種「領袖人才的專門學」。這種學問還是要在「心地」上築起，也還是要在心地上歸宿。換言之，分兩儘增，成色絕不可雜。可惜陽明在拔本塞源論以後，没有發揮到這一處來。而浙中大弟子龍溪、緒山諸人，雖則反對江右之歸寂主靜，但永遠在成色上着眼，硬要在起碼聖人的身上裝點出一個超格聖人來。這也可說是宋明理學家六七百年來一種相沿宿疾，總是看不起子路、子貢、冉有、公西華，一心只想學顏淵、仲弓。他們雖也說即事即心，卻不知「擇術」，便儘在眼前日常瑣碎上用功。一轉便轉入渺茫處。陽明講良知，骨子裏便藏有此病。這裏面卻深染有佛教遺毒，若單就此點論，學晦翁的倘專注意在大學格物上，忘卻了小學涵養工夫，則晦翁陽明，便成了五十步與百步，自然更不必論浙中與江右了。

（此文作於民國三十七年春，刊於四十八年四月人生雜誌十七卷十期。）

九　道與命

萬物何從來，於是有上帝。死生無常，於是有靈魂。萬物變幻不實，於是在現象之後有本體。此三種見解，不曉得侵入了幾廣的思想界，又不知發生了幾多的影響。但上帝吧！靈魂吧！本體吧！究竟還是絕難證驗。於是有人要求擺脫此三種見解，而卻又赤裸裸地墮入唯物觀念了。要反對唯物論，又來了唯心論，所謂唯心論，還是與上帝、靈魂與本體三者差不多。

中國思想不重在主張上帝、靈魂和本體，但亦不陷入唯物與唯心之爭。本來唯心唯物是對立並起的兩種見解。中國思想既沒有主張唯物的，自然也就沒有主張唯心的。究竟中國思想界向來對宇宙萬物又是如何般的看法呢？似乎向來中國人思想並不注重在探討宇宙之本質及其原始等，而只重在宇宙內當前可見之一切事象上。認爲宇宙萬物只是一事，徹始徹終，其實是無始無終，只是一事。這又是何等的事呢？中國思想界則稱之曰「動」。宇宙萬物，實無宇宙萬物，只是一動。此動又稱曰「易」。易即是變化，即是動。宇宙萬物，徹頭徹尾，就可見之事象論，則只是一變動，只是一易，這一變動便是有爲。但此有爲卻是莫之爲而爲，因此並不堅持上帝創物之說。而且此一變動，又像是無所爲而爲。故中國人思想，更不去推求宇宙萬物之目的，及其終極嚮往，與終極歸宿。只說宇宙創始便是一動，歸宿還只是一動，此動又謂之易。此種動與易，則只是一「現象」。現象背後是否另有本體，中國人便不再注意了。如此可說即現象即本體。此一變動中國人又稱之爲造化。此「造化」兩字又可分析言之。我們也可說，造是「自無造有」，化是「自有化無」。同時在造，即是同時在化；同時在化，亦即同時在造。現象後面不論本體，生命後面不論靈魂。因此在中國思想裏，也不堅拒上帝靈魂與本體之說，只認爲此三者，如已內在於一切事象之中了。

何以不說中國思想是唯物的呢？因爲中國思想裏已把一切物的個別觀把來融化了、泯滅了，只存有一動。這一「動」，便把有生命界與無生命界融成一片了。任你有生也好，無生也好，都只是一動，都不能跳出動的範圍。如此則沒有所謂死生，所以說死生猶晝夜，因晝夜也都在一動的過程中。如此亦復無物我天人之別，因物我天人，也已盡融入此一動的概念之中了。此一動亦可稱爲「道」，道是無乎不在，而又變動不居的。道即物即靈、即天即人、即現象即本體，上帝和靈魂和本體的觀念盡在此「道」的觀念中消散了，再沒有他們分別存在之嚴重價值了。

此道莫之爲而爲，所以不論其開頭。此道又是無所爲而爲，所以不論其結束。沒有開頭，沒有結束，永古永今，上天下地，只是一動，此動不息不已不二，因此是「至健」的，同時是「至誠」的。試問不是至健，不是至誠，又如何能永此終古不息不已不二的動呢？這一個道的不息不二至健至誠，也可說是這一道之內在的「性」，也可說是其外表的「德」。如此則一個道體便賦與了他的德性，其實德性也非外加的，只是就此道而形容之而已。仍只是就此現象而加之以一種述說與描寫。

合攏看，只此一動，只此一道；但亦不妨分開看，分開看則有萬世、萬代、萬形、萬物之各別的動，或各別的道。這裏的要緊處並非是一物有一物之道，乃是說「道留動而生物」。（莊子語）這便是說，把這動切斷分開看便成其爲「物」了。因此這萬世萬代萬形萬物之個別的道，並非別有道，仍是此一「大道」。一物各有一物的動，斯一物便各有一物的德性，但此德性也並非別有德性，還是此一個德性。所以說，「萬物並育而不相害，道並行而不相悖」。又說，「小德川流，大德敦化。」（中庸語）

你既把這個大道分開個別看，則個別與個別之間，自該各有分際，各有條理，所以中國人又常連用「道理」二字。譬如在一條大馬路上，有汽車道，有電車道，有人行道。那些道，各照各道，互不相礙，便是「理」。有了理，便有「命」。命有內命，與外命。如是電車，應依電車軌道走，這是內命，不能走上汽車道或人行道，這是外命。此之內命便成彼之外命，彼之內命便成此之外命。「內命」即是「性」，正因物各有性，而且此性都是至健至誠，於是不得不互有制限。這些「制限」便是「命」，便是理，但合攏看，仍只是一「道」，不相衝突，不相妨礙。如大馬路上車水馬龍，各走各路，所以說，海闊從魚躍，天空任鳥飛。鳶飛魚躍，是形容那活潑潑的大自然之全部的自由。

這一個道，有時也稱之曰「生」。「天地之大德曰生」，就大自然言，有生命，無生命，全有性命，亦同是生。生生不已，便是道。這一個生，有時也稱之曰「仁」。仁是說他的「德」，生是說他的「性」。但天地間豈不常有衝突，常有尅伐、常有死亡，常有災禍嗎？這些若從個別看，誠然是衝突、尅伐、死亡、災禍，但從整體看，還只是一動，還只是一道。上面說過，從道的觀念上早已消融了「物我」「死生」之別，因此也便無所謂衝突、尅伐、災禍、死亡。這些只是從條理上應有的一些斷制，也是所謂「義」。因此義與命常常合說，便是從外面分理上該有的斷制。所以義還是成就了仁，命也還是成就了性。每一物之動，只在「理」與「義」與「命」之中，亦只在「仁」與「生」與「道」之中，衝突、尅伐、死亡、災禍是自然，從種種衝突尅伐死亡災禍中見出義、理、仁、道、生命來，是「人文」。但人文仍還是自然，不能違離自然而自成為人文。

如是道既是自然的，常然的。同時也是當然的，必然的。而且，又是渾然的。因此，中國思想不妨稱為「唯道論」。把這一個道切斷分開看，便有時代，有萬物。這些萬物處在這些時代，從其自身內部說，各有他們的性。從其外面四圍說，各有他們的命。要性命合看，始是他當下應處之道。從個別的一物看，可以失其性命，可以不合道。從道的全體看，將沒有一物不得其性命與不合道。只有人類，尤其是人類中最聰明的「聖人」，明白得這道理，所以說「君子無入而不自得」。自誠明，自明誠，成己、成人、成物，而贊天地之化育。

（此文作於民國三十七年春，刊於四十八年五月人生雜誌十七卷十二期。）

一〇 善與惡

天地間只是一「動」，此動無終無始，不已不息。試問何以能然？而且此一動既是無終無始，不已不息，在如此長時期裏，一往直前，日新又新，他將何所成就，叫人又如何去認識他？在中國傳統思想裏，似認爲此動並非一往直前，而係「循環往復」。惟其是循環往復，故得不息不已，又得有所成就。而並可爲人所認識與了解。

姑舉一例言，如生必有死，便是一循環，一往復。若使一往不復，只有生，沒有死。你試設想在如此無窮盡的長時間中，生命一往直前，永是趨向日新，而更不回頭，這豈不生也有涯而知也無涯，轉成爲生也無涯而知也有涯了嗎？這將如何使我們能認識此生命究是什麼一回事呢？不僅不可認識，也將無所成就。並且我們也不能想像他如何地能如此不已不息。現在生命走的是一條循環往復的路，生了一定的時限便有死，死了另有新的再生，如是般一而再，再而三，而至於無窮。無窮地往復，無窮地循環，在此無窮盡的不可想像的長時間裏，因爲有了循環，遂可把來分成一段段相當短的時間而重複表演。數十年的生命，便可表演出幾百京兆億垓年的生命過程之大概。這纔使人可認識，這纔使生命有成就。而在此無窮無盡的往復循環中，纔得不息不已。因爲雖說是無窮無盡、無始無終的長時期，其實還是往復循環在短的路程上兜圈子。

再以天象言，天運循環，雖似神化而有節序。如寒往暑來，如朔望盈虛，晝夜長短，一切可以曆數紀之。因此，在變動中乃有所謂恒常與靜定。譬如一個鐘擺，擺東擺西，他雖永遠在擺動，但你也可看他永遠是靜止，因他老在此一擺幅中，儘是移動，並不能脫出此擺幅，而儘向一邊無盡地擺去。又譬如一個圓圈或一個螺旋，他雖永遠地向前，其實並不永遠向前，他在繞圈打轉彎，一度一度走回頭，因此循着圓周線的動，也可說是靜，他老在此圓線上，並未越出此圓周之外去。

凡屬圓周的，或是擺幅的，必有一個所謂「中」。這一個「中」，不在兩邊，不在四外，而在內裏。一個擺動，或一個圓周的進行，並沒有停止在那中之上，但那中則老是存在，而且老是停停當當地是個中。好像那個中在主宰着那個動。那個無終無始不息不已的「動」，好像永遠在那中的控制下，全部受此中之支配。所以說「至動即是至靜，至變即是至常」。在此觀念下，始有所謂「性」與「命」。告子說：

生之謂性。

禪宗說：

作用見性。

這無異於指此無始無終不息不已之一「動」爲「性」。但儒家則要在此不息不已無終無始的一動中指出其循環往復之定性的「中」來，說此中始是性。宋明儒喜歡說未發之中，說知止，說靜，說主宰，說恒，都爲此。宋儒又說「性即理」，不肯說性即氣，因氣止是動，理則是那動之中。若果純氣無理，則將如脫繮之馬，不知他將跑到那裏去。天地將不成爲天地，人物也不成爲人物，一切樣子，千異萬變，全沒交代。現在所以有此天地並此人物，則只是氣中有理之故。氣中有理，因有恒常，由內言之則說性，由外言之則說命。由主動言則說性，由被動言則說命。其實此一「動」即主即被，即內即外，無可分別，因此性命只是一源。都只是這一動，不過所指言之有異。

於是我們稱此變異中之恒常，在此不息不已的變動中之「中」，這一個較可把握較易認識的性向而謂之曰「善」。善只是這個動勢中一種恒常的傾向。既是一個恒常的傾向，因此在變動中時時出現，時時繼續，一切變動不能遠離他，無論如何變，如何動，終必向他回復，終必接近他而繼續地存在，因此好像他成了一切動的「主宰」了。好像無此主宰，則萬象萬變全不可能了，那他又如何不是善的呢？離他遠遠的便認爲只是惡。「善」是此一動之「中」，「惡」只是「過之」與「不及」。

善惡本屬專用於人事界之名，脫離了人事界，無善惡可言。人事界雖亦千變萬化，不居故常，但亦有個恒態，有個中。若要脱離此恒態與中而直向前，到底不可能。舉一例言之，和平與鬥爭，是人事中更互迭起的兩形態。常常循環往復，從和平轉入鬥爭，又從鬥爭回歸和平。這裏面便有一個中勢與恒態。鬥爭須能覓取和平，和平須能抵擋鬥爭（即不怕鬥爭）。所以接近鬥爭的和平，與接近和平的鬥爭，都是可繼續的，都可稱爲善。若遠離了和平的鬥爭，和遠離了鬥爭的和平，則距中勢皆遠，皆將不可成爲一種恒態而取得其繼續性。如是則過猶不及，皆得稱爲惡，惡只是不可常的。健康和疾病亦然。普通看健康人像無疾病，其實若無疾病，何來新陳代謝。代謝作用，便是離健康不遠的疾病。工作休息也是一樣。休息過分不能工作，是惡不是善；工作過分不能休息，同樣是惡不是善。但人類思想普通總認生是正面，死是反面；和平是正面，鬥爭是反面；健康工作是正面，疾病休息是反面。便不免要認正面的是善，反面的是惡。但依上述理論，惡的只接近善的，也便不惡。善的若太遠離了惡的，也便不善了。

孟子提出「辭讓之心，人皆有之」，作爲性善論的根據，荀子則提出「從人之性，順人之情，必出於爭奪合於犯分亂理而歸於暴。」作爲性惡論的根據，其實辭讓固善，爭奪亦非惡。爭奪而過是惡，辭讓而過亦不是善，兩說各得其一偏。惟辭讓屬正面，爭奪屬反面；但沒有反面，卻亦不成爲正面，因此反面並不就是惡，而有時正面也不便是善。這番理論，易經裏講得較透澈。易曰：

一陰一陽之謂道，繼之者善也，成之者性也。

一陰一陽便是一反一正，往復循環，繼續不斷便是善。從此往復循環繼續不息中便形成了性。我們從後向前逆看上去，卻像性是先天命定的，這不過是人類易犯的一種錯誤的看法。

（此文作於民國三十七年春，刊於四十八年五月人生雜誌十七卷十二期。）

二一　自由與干涉

「自由」是西方思想一大主腦。但他們以為一個人的自由，應以不侵犯別人的自由為限，此語實無理致。若你的自由，以別人的自由為限界，這便是你的不自由。若別人的自由，以你的自由為限界，這又是別人的不自由。無論在經濟上、政治上，他們所揭櫫的自由主義，目下都起了搖動，正因為自由在相互間沒有一個明確的限界。

自由的反面是「干涉」。只要天地間有兩個以上東西的存在，這一個終不免要受那一個的干涉。受了那一個的干涉，便損害了這一個的自由，干涉愈多，自由愈少。對付外來干涉，不出三途：

一、是用強力壓制。

二、是調和。

三、是屈服。

各人的自由，以別人的自由為限界，本來像是一種調和，可惜此種限界不易確定，因此調和遂不可能。無限向前，又是西方思想在內心要求上一特徵。若以無限向前來爭取自由，則相互間只有壓制與屈服之兩途。一面既有壓制，另一面自不能無屈服。在壓制與屈服的過程中，則有鬥爭。其實則無異於以干涉來求自由。因此最愛自由的反而最愛干涉。難道那也算是相反相成嗎？

「萬物並育而不相害，道並行而不相悖」（中庸），這是中國人的想法。但物與物之間，真個可以不相干涉不相衝突嗎？還是在相互干涉中畢竟可以覓得一個理想的調和呢？侵入自然界的暫不論，專就人事方面言之。不能天地間只留你一個人，你既與人並生此天地間，便不能不受到別人的干涉。這便不是你的自由。天地間只有獨一無二的纔能真自由。試問人生在世，是否可以獨一無二的存在呢？在我想，只有在人的內心上是可以獨一無二的。何以說在內心上可以是獨一無二的呢？

先舉「知識」言。知是「所知」「能知」相接而成，這已超乎能所之上而獨立，亦可說調和能所而中立了。能知接觸到所知，或可說所知對能知發生了一番干涉。但若僅從知的方面說，那番干涉是絕不損害到被干涉者之自由的。受餓受冷的人，從物質生活言，可說他不自由。但若僅從知識言，餓了知餓，冷了知冷，那個知是沒有什麼不自由可言的。「知識」超乎物我對立之上，是調和物我之對立而成的，知是絕對的，因此是自由的。或者要說，知識若果自由，如何又有不知？其實知道你不知也是知。知識的正面和反面同樣是個知，所以人心之知到底是絕對的，又是自由的。

進一層說「情感」。喜、怒、哀、樂種種情感，人們往往爲此而感到不自由。其實就喜怒哀樂情感之本身言，也是絕對而自由的。因其亦超能所而獨立，亦是調和能所而中立的。所以喜是自由的喜，怒是自由的怒，哀樂是自由的哀樂。如好好色，如惡惡臭。一面是干涉，一面即是自由。你不該說，因有外面好色干涉我，使我不得不好，因此失卻了我的自由。或說因有外面惡臭干涉我，使我不得不惡，因此失卻了我的自由。當知是由你好了，纔見他是好色。由你惡了，纔見他是惡臭。窈窕淑女，君子好逑，是自由；求之不得，輾轉反側，也是自由。當知求之不得的「求」，仍是我心之自由。得與不得是外面事。外面事，自然不在我們的自由之內。但求之不得而輾轉反側，這又是我心之自由了。你若專從自己內心喜怒哀樂踴切情感上說，則應該是自由的。

由上所述，自由是「內發」的，干涉是「外來」的，但兩者間並非沒有可以調和融通之點。內心的知識與情感，都已調和內外，超物我之相對而中立。因此凡屬科學、藝術、文學、宗教、道德一切內心生活，屬於知識與情感之積極伸展者，都應該盡量讓其自由，而且也無往而不可得其盡量之自由的。但一牽涉外面事物，則干涉往往有時要超過了自由。其關於物質自然方面的，可以說知識即權力。知識進步，即是權力進步。所謂「權力」者，無異即是對外面物質施以高壓而使之屈服。但此也有限度，而且只可施之自然物質界。若在人文社羣方面，此乃屬人類之自身，未必便可應用對付物質自然界之同一途徑與同一方法。因此對物質自然界可以「知識」爲主，或說偏重知識；對人文社羣則僅可以「情感」爲主，或說偏重於情感。當知高深的知識與懇摯的情感，同樣是一種權力，同樣可以使人走上自由大道。中國古語，「天王聖明」，「臣罪當誅」，以及「天下無不是的父母」云云，皆是一種情感懇摯的話。如大舜之孝，屈原之忠，並不是對外屈服，而是一種內心情感向外伸舒之無上自由。融和了外面干涉的一種內在自由。瞽瞍和楚懷王，無異是對舜和屈原的內心要求的一個强烈的干涉，舜和屈原並不爲之屈服，也非要加瞽瞍與楚懷王以高壓而使自我勝利。舜與屈原之孝與忠，乃是超人己而中立一元化的一種情感完成之表現。老子說：「六親不和有孝慈，國家昏亂有忠臣。」這是實話，當知六親不和與國家昏亂，並不能使忠臣孝子不能自由完成其忠孝之心情。人文歷史上一切藝術、文學、宗教、道德之最高成就，都是這一種內心自由的表現。

科學知識是一種融通「物我之知」之向外伸舒之無上自由，藝術、文學、宗教、道德是一種融通「人我之情」之向外伸舒之無上自由。其間藝術亦有對物，科學亦有對人，此間只舉大體論列。這些都是內發的。至於政治上的權勢，經濟上的財富，這都不在內心方面建立基礎，其重要的條件，都偏傾在外面事物上。若向此等處要求自由，一方面未可必得，另一方面又將轉換成對別人的一種干涉。真愛好自由的人對此應感淡漠。

中國傳統思想似乎只偏重在內心情感方面，對於知識自由，未能積極提倡。西方近代自由呼聲，最先是爲科學知識之覺醒所喚起，但後來無限度引用到政治和經濟方面去，則亦不勝流弊。英哲羅素在第一次世界大戰時，即提出「創造衝動」和「佔有衝動」之區別，大概亦是有見於此而發吧！

（此文作於民國三十七年春，刊於四十八年六月人生雜誌十八卷二期。）

一二　鬭爭與仁慈

西洋歷史，若從外面講，自然是該從希臘羅馬直講下來的。但若從西洋史之內心講，則應該由中古時期講起的。換言之，近代歐洲人之心靈開發，顯然是從基督教開始的。後來拐了彎，從中古神學傳統裏逃出，而有他們的所謂「文藝復興」，古代希臘羅馬人的心靈，纔在近代歐洲人心上重見復活。但在其思想傳統上，他們仍保留了一個「上帝」，神的觀念。此後再三轉身，而變出他們哲學上的「唯心論」，變成一個超乎物質以上的絕對精神來。直到黑格爾的辨證法與其歷史哲學，纔把唯心哲學的重心又全部降落到人事上來。但其宇宙觀的底裏，則始終還是中古神學之變相。我們若從斯賓諾莎之泛神論，費爾巴哈之無神論，直看到馬克斯的歷史唯物論，如此禪遞而下，可見近代西方想把上帝和神和絕對精神等等神祕觀念盡量從人事中排出，是一件費大力的事。但無神論和唯物論，西方一般思想家，究是不能予以贊同的。正因基督教乃是近代歐洲之最先心靈的曙光初射呀！

但在中國則不然。中國人自始便不曾建立起一套具體的、肯定的、太嚴肅的一神論，因此也不會反激出無神和唯物的極端思想來。儒家思想並不從上帝和神出發，但仍保留着神和上帝，並没有明白加以破棄。莊子思想，似可歸入無神論，但莊子也不是主張唯物的。無寧說此下中國的思想界，主要是想把「神、物交融」來作人文中心之外圍的。近來的中國思想界，因感染了西方潮流，遂認爲中國思想傳統一向是唯心論，又要盛誇黑格爾的絕對精神來尸祝供奉，認爲惟此可對馬克斯一派的唯物論作祛邪嚇鬼之用，那就顯得無聊了。

就中國論中國，中國人自有一套中國的歷史哲學。黑格爾與馬克斯同樣注重在解說歷史，求在歷史中發見定律，再把來指導人生。只是黑格爾把歷史必然地推演到絕對精神上去，那未免玄之又玄了。而且那種歷史開展的大責任，又專放在日耳曼民族的肩膀上，又嫌太狹窄了。馬克斯則一反黑氏之所爲，把歷史必然地推演到無產階級專政，那像是比較具體而切近了，而且他又把歷史開展的大責任，放在全世界無產階級的肩膀上，便無怪其多方有人聞風興起了。至於中國人的歷史哲學，卻並不專重在解釋歷史，而更重在「指導歷史」，並不專重在發現將來歷史事變之「必然性」，而更重在發現當前事理事情之「當然性」，這便與黑、馬兩氏大相逕庭了。

歷史是人造的，人生基礎不能全抹煞了物質經濟生活條件。中國史學家無不承認此一點。但人生問題至少不能全由物質經濟生活條件來領導、來解決。人生問題，至少有一個理所當然，而中國思想之看此「理」字，則既不是唯物的，也不是唯心的。因此從中國傳統思想來看，馬克斯至少是不深入，而且是不妥當。若我們也來承認馬克斯的唯物史觀也有其真理，最多只說馬氏謂人生歷史上一切上層精神活動，無論爲政治的、社會的、道德的、宗教的、文學的、藝術的，都將由下層的基本的物質經濟生活條件而決定，如是則馬克斯的唯物史觀究竟也並不能否認了歷史上有一批上層的精神活動之存在。而且我們也可說，物質經濟生活條件之所以重要，所以有價值，正爲其能補助一切上層的精神活動之故。若使上層的一切精神活動全失其價值，則在其下層而補足他的物質條件之價值之重要性，亦將連帶動搖而失落。若是則人類應該如何來選擇他們的物質生活，正應該看其如何能影響其一切上層的精神生活之差異而加以判別。明白言之，我們正因爲歡迎那樣的精神生活，所以才贊成那樣的物質條件。若就純自然界的立場看，縱說物質生活決定了精神，（仔細說來，則也只能說是規定而不能說決定。）但若改就人文界的立場看，則還應該是精神領導着物質。唯物史觀只發揮了上一節，而忽略了下一節。因此馬克斯的歷史唯物論，在西方思想史上，或可說他有一種推倒開拓之處。而在中國思想史上，則應該只成爲一種淺薄之短見而已。由此試再連帶說到達爾文的生物進化論。

達爾文的生物進化論，自然也和馬克斯的歷史哲學有其內部精神之相通處。馬克斯自己說，達爾文的書，給予了他論歷史的階級鬭爭以一個自然科學的基礎。但在中國人看來，達爾文的創見，似乎也不見有怎樣的的奇創。因中國根本没有認真主張過上帝創世造物那一套理論。所以中國人驟然看了達爾文的進化論，也不覺得他的偉大的革命性，卻只以爲事實有如此而已。但其間仍有一不同。中國人只說「天地之大德曰生」，或說「天地不仁，以萬物爲芻狗」。無論儒家道家，都不說上帝造物，亦沒有達爾文萬物競存優勝劣敗天然淘汰那一套意想。正面說，生是天地大德；反面說，生如芻狗。你生我滅，在天地的不仁與無心中轉圈子。因此達爾文心目中的「自然」，是强力的「鬪爭」的。就使如克魯泡特金的互助論，也依然把强力與鬪爭做骨子。中國人心目中的自然，卻把這一種强力與鬪爭的意象沖淡了，只覺得輕鬆散漫，甚至活潑自在。這一層同樣可以來分別東西雙方的歷史觀。馬克斯的歷史唯物論，以「階級鬪爭」，爲其歷史發展之主要骨幹。而中國人看歷史也如看自然般，總是看不起强力，看不起鬪爭。雖則中國人並不抱着上帝一神，博愛救世等等信念，但總「主和平」，「主順隨」，警策人虔敬恪恭。走上不好的路固是輕鬆散漫，走上好的路，則是活潑自在。儒家在這上又加上了一個指導精神，便是人類相互間的「仁慈」。那種仁慈，卻不定說是上帝的愛，只在人與人間，指出那一番惻怛至誠便是。亦並不是什麼宇宙的絕對精神，只是在日常人生物質經濟生活上相互間之一種體諒與同情便是。儒家提出此一點人心所與知與能者來領導歷史發展。又何嘗硬要演繹出一套唯心哲學來。

其實這一種差別，亦可用外面物質條件來解釋。西方的地理環境，氣候物產，生活條件，經濟狀況，多在「分裂」狀態中，遂引得他們看宇宙看歷史總偏重在「强力與鬪爭」。中國的地理環境，氣候物產，生活條件，經濟狀況，常在「混一」狀態中，遂引得他們看宇宙看歷史，總偏重在「和平與仁慈」。最多也只可說雙方各得一偏。在生物進化，在人類歷史發展中，固有強力與鬪爭，終不能說没有仁慈與和平。而在中國人傳統思想方面說，和平與仁慈終還是正面，強力與鬪爭只像是反面。縱說強力與鬪爭是必然的吧，但必然裏還該有一個當然，鬪爭中還該有一種仁慈，卻不該說仁慈中必該寓有鬪爭呀！

（此文作於民國三十七年春，刊於四十八年六月人生雜誌十八卷三期。）

一三　禮與法

「禮治」和「法治」，見稱爲中國政治思想史上的兩大潮流。依照中國國情而論，中國是一大農國，以一個中央政府統治若大一個國家，應該有一種普遍而公平的法律，纔能將全國各地攝合在一起。而且農業社會比較穩定，不多變動，那一種法律，因而也必得有其持久性以相適應，因此中國政治從其客觀要求論，實在最易走上一條法治的路，用一種統一而持久性的法律來維繫政治。但中國思想界卻總是歌詠禮治，排擊法治。尤其是儒家可爲代表。這裏面也有一番理由。

比較而言，禮之外面像是等級的，其實卻是「平等」的；法之外面像是平等的，其實則是「等級」的。禮是導人走向「自由」的；而法則是束縛「限制」人的行爲的。禮是一種「社會性」的；而法則是一種「政治性」的。禮是由社會「上推」之於政府的；而法則是由政府而「下行」之於社會的。無論如何，禮必然承認有對方，而且其對對方又多少必有一些「敬意」的；法則只論法，不論人。殺人者死，傷人及盜抵罪，那曾來考慮到被罰者。因此禮是私人相互間事；而法則是用來統治羣衆的。禮治精神須寄放在社會各個人身上，保留着各個人之平等與自由，而趨向於一種鬆弛散漫的局面。法治精神則要寄放在國家政府，以權力爲中心，而削弱限制各個人之自由，而趨向於一種强力的制裁的。中國人傳統提倡禮治，因此社會鬆弛散漫。不是自由太少，而是自由太多。政治只成爲一個空架子，對社會並沒有一種强力與束縛，往往不能領導全國積極向某一目標而前進。

深一層言之，法的重要性，在保護人之「權利」。而禮之重要性，則在導達人之「情感」。權利是「物質」上的，而情感則是「性靈」上的。人類相處，不能保衛其各自物質上之權利，固是可憂，然而不能導達其相互間之情感到一恰好的地位，尤屬可悲。權利是對峙的，而情感則是交流的。惟其是對峙的，所以可保衛，也可奪取。惟其是交流的，所以當導達，又當融通。因而禮常是軟性的，而法則常是硬性的。中國社會沉浸在此「尚禮」的風氣中，一切講交情，講通融，像是缺乏力量。但弱者在其間，卻多迴旋轉身之餘地，因此一切可以滑溜前進，輕鬆轉變。若在尚法的社會，遇到權利相衝突的當口，法律雖爲保護權利而設，但既是雙方權利相衝突了，保護了甲方，便不能同時保護到乙方。若乙方硬要維持乙方的權利，而不能乞援於法律，便只有要求法律之改制。法律操握在政府，若要改制法律，便只有推翻政府，來另創政府。因此尚法的社會，在其演進途程中，常不免有革命；尚禮的社會，則將無法革命，而亦不需革命。因此尚法的社會常易有劇變，而尚禮的社會，則無法來一個劇變，而且也不需要劇變。中國社會比較建立其基礎在農業經濟上，本不必有劇變，而且在大一統政府之下，劇變也是害多而利少。中國人寧願軟性的尚禮，不肯硬性的尚法，在這方面，不失爲一種「憂深思遠」。

本來政治最多是件次好的事。人類不能沒有社會，但不一定不能沒有政治。人類是爲了有社會而始須有政治的，並不是爲了有政治而始須有社會的。法律只是政治方面的事，更其是最多也不能超過次好的。若使能有一個操握得權力最少量的政府，能有一個政治居在最輕地位的社會，那豈不更合理想嗎？是否更理想的社會，將是一個無政府的社會呢？此層姑勿深論。但中國的禮治思想，總像是朝着這一理想的方向而邁進。至少是想把政治融入進社會，不是把社會來統制於一政府。現在人痛恨中國政府無能，因而討厭禮治而歡迎有法治。其實中國人提倡禮治，正是要政府無能，而多把責任寄放在社會。因此想把「風俗」來代替了法律，把「教育」來代替了治權，把「師長」來代替了官吏，把「情感」來代替了權益。

中國道家思想，迹近提倡「無政府」，因此他們不希冀成爲一廣土衆民的大社會，而僅希冀停留在一小國寡民的小社會。他們反對法，同時也反對禮。他們不知道人類縱可以無政治，卻不能無社會。於是道家既反對禮治，而到底取消不了那政府，則反而要轉到法治的路上去。因而在中國，道家思想常與法家思想互爲因果，道家反禮治的思想盛行之後，必然法家繼起。所以司馬遷要說「申韓源於老莊，而老莊深遠矣」。此爲道家與法家之辨。

西方輓近的無政府主義者，常易與共產主義結不解緣，克魯泡特金即其一例。若果共產主義而定要在法治主義的圈子裏進行，則必提倡階級鬪爭，必提倡無產階級武裝起來奪得政權。由無產階級來立法造法。但若果真到達了理想的共產社會了，那時誰也不需要保護他自己的產業權益，誰也不需要奪取別人的產業權益。至是則法律的最大效用便不存在，政府根本不需有法律，則豈不便可無政府？

然而人類縱可以無政府，到底不能無社會。而有社會，就不能無禮治。所以儒家究竟是更深遠於道家了。克魯泡特金比中國道家高明處，正在其能明白提出人類可以無政府，而同時不能無社會。中國儒家比克魯泡特金高明處，在其能在社會上安裝着一套禮治精神。從禮治精神切實做去，應可由有政府轉移到無政府。而今天西方人所想像追求的社會主義與共產主義，也應可以包括在內了。這正是小戴記禮運篇裏所揭舉的「大同世界」之理想所追求的。

（此文作於民國三十七年春，刊於四十八年七月人生雜誌十八卷四期。）

一四　匆忙與閒暇

顧亭林日知錄曾引用論語裏兩則話說，「飽食終日，無所用心」，是當時北方人易犯的病。而「羣居終日，言不及義」，則是當時南方人易犯的病。其實此二病乃一病。正因爲飽食終日無所用心，纔至於羣居終日言不及義。若使生活艱難，飽食不易，那有閒工夫羣居終日，言不及義呢？大抵此兩種病瀰漫中國古今南北，並不從晚明始有。至少在宋以下的中國，更顯然地曝著了。那是一種農村社會所最易犯的病，尤其在農村社會的小地主階層更易犯着。

張橫渠嘗說：

世學不講，男女從幼便驕惰壞了。

這裏「惰」字卻是中國人之真病。惰了便驕，驕即惰之外相，亦是惰之內情。其所以惰者，則由其生活閒散，不緊張，不迫切。橫渠是關中人，關中地區，在北宋時生活尚較艱，但橫渠已如此說。關中以外的地區更可想見了。

朱子曾說：

內無空寂之誘，外無功利之貪。

試問如何能不貪功利，豈不先得要生事易足？但生事易足，便易爲空寂所誘。朱子所說的誘人空寂，乃指佛教言。佛教思想來自印度，正因爲印度人生活更較中國輕易。纔愛走向空寂的路去。目下西方人的功利觀點遠較中國人爲强烈而認真，則因西方生事更較中國艱難。

功利是純現實的，而空寂則是純理想的。功利是純物質的，而空寂則是純精神的。因此想到中國古代的儒家思想，標榜着一種「中和」態度的人生哲學，顯然是由中國北方農村經濟下產生。他們不耽空寂，但也不着功利，儒家的中和態度是「篤實」的。墨家在當時，大概他們的出身較儒家是更艱苦些，因而他們篤實的意味也較儒家更濃厚了。由篤實而走上艱苦的路，便不免有些像貪功利。當時中國北方農村需要篤實，卻不必定太需要艱苦，因此墨家思想終因其太接近計較功利，而沒有儒家般易受人歡迎。道家則較閒散，但又折向空寂了。只有儒家在不太緊張，又不太閒散之中道上，這是中國思想之正脉。

兩漢儒生，都從半耕半讀的北方農村中產出，他們不算太艱苦，但也不能太閒散，總仍還是要篤實。董仲舒曾說：

明其道不謀其利，正其誼不計其功。

他們不能不擔着實際生活的擔子，但那擔子壓得不太重、不緊張，還有一部分閒散工夫，可以讓他們來求「正誼明道」。所以他們能不空寂，又不肯汲汲去謀利計功，而確然成其爲儒家態度。

到東漢以下，門第逐漸成長。半耕半讀的儒生，漸漸在大門第之養尊處優之生活中轉變而爲名士清談。那時則老莊道士佔了上風，又染上了空寂的味兒。

佛教在那時傳入，正投中國人當時所好。但南北佛教風氣不同，北方佛教比較在社會下層生根，因此也比較篤實。南方佛教則寄託在門第士大夫間，尚玄想，尚清談。若說空寂，則南方佛教更空寂，後來天台、禪宗都盛行在南方。南方氣候溫暖，地面也狹小了，水土肥沃，生事更輕鬆，小家庭制也開始在南方蔓延。人事牽掣，亦較北方輕減。下及唐代，一輩士大夫，論其家世，比較還是北方傳統占優勢。北方農村比較南方篤實，大家庭制亦先在北方生長。門第力量還在，每一個人（此指士大夫言）至少都還有家庭重負。因此唐代佛學雖盛，而卻重事功。下到宋代，中國一切文化學術重心，逐漸南遷。門第破壞了，小家庭制普遍了，士大夫一得科第，衣租食稅，生事易足，生活擔子更輕鬆，人事更寬弛，心地上覺得一切閒散不緊張，禪宗思想流進儒學，便成爲宋明之理學家。

理學家說「敬」說「靜」，總是在小家庭裏個人生活無憂無迫，遂能欣賞到這一種生活。朱子說：

敬有甚事，只如畏字相似，不是塊然兀坐，耳無聞，目無見，全不省事之謂。只收斂身心，整齊純一，不恁地放縱，便是敬。

其實敬也等如没事了。只要你在没事時莫放縱、莫惰、莫驕。莫惰了，又没事，便成了宋儒心中所認識的所謂「敬」的體段。陸象山常教人收拾精神，總因在散閒生活中精神易散漫、易放縱，故而要你收拾，這些全是在比較輕鬆無事中纔講求。宋儒亦講明道正誼，但實在是個人身上的意味重了，並不像先秦儒家般，常從國家社會大處着眼。先秦儒講的「義」與「道」，常指的政治性、社會性的，個人日常生活的意味比較淡。因此宋儒好譬如儒家中的出家人。他們不是崇信佛教的僧徒，但可說他們是崇信孔子的僧徒。他們不是慕效老莊的道士，而只是慕效孔孟的道士。

宋明理學家不喜歡佛教，也不喜歡老莊，但那時是南方士大夫爲主體的時代了，雖則他們極力想像追求古代中國北方農村的一種樸篤精神，而終於要走樣。他們常愛說眼前日用，卻實在閒散没事。因此他們愛說孟子「必有事焉」，一面便連帶說中庸「鳶飛魚躍活潑潑地」。可見他們的那些事，還只是雲淡風輕，尋花傍柳，窗前草不除，在閒中欣賞雛鷄，觀盆魚，乃至靜聽驢子叫之類。好言之，可說是一種淡宕的藝術人生。惡言之，還是飽食終日，無所用心，所以用心到這些上面來。陽明教人也說必有事焉，切莫空鍋煮飯。其實正因閒著没事，故而時時想到必須有事。真使你生事忙迫，那有閒工夫說必有事焉呢？然則宋明理學家正已在空鍋煮飯了。到底他們也不免要帶幾分空寂味兒吧。我們縱不說他們也犯了驕惰之病，但「勞謙」之德總是視古有媿了。

明末北方社會在生事十分難窘的狀態下產出了一個顏習齋。但清代康雍昇平以後，南方人又操着學術思想之霸權，當時江浙人的生活，在像揚州蘇州那種環境裏，那能接受顏習齋的思想呢？而且習齋晚年生活，也就在「習敬」「習靜」中安渡了。西方文明，一開始便在希臘雅典等商業小城市裏發展，根本和中國古代北方農村的閒散意味不同。近代歐洲，至少從文藝復興以下，生活一天忙迫似一天，一天緊張似一天，直到如今，五六百年來緊張忙迫得喘不過氣來了。他們中古時期在教堂裏的一些兒空寂氣味，現在是全散失了，滿腦滿腸只是功利。彼中哲人如英國羅素之流，生長在此忙迫生活中，討厭功利鞭子，不免要欣賞到中國。然中國文化之弱點則正在此。從鴉片戰爭五口通商直到今天，全國農村逐步破產，閒散生活再也維持不來了，再不能不向功利上認真，中國人正在開始正式學忙迫，學緊張，學崇拜功利，然而忙迫緊張又那裏是生活的正軌呢？功利也並非人生之終極理想，到底值不得崇拜，而且中國人在以往長時期的閒散生活中，實在亦有許多寶貴而可愛的經驗，還常使我們回憶與流連。這正是中國人，尤其是懂得生活趣味的中國人今天的大苦處。

（此文作於民國三十七年春，刊於四十八年七月人生雜誌十八卷四期。）

一五　科學與人生

科學頭腦，冷靜，純理智的求真，這是現代一般智識分子慣叫的口頭禪。然而整個世界根本上就不是冷靜的，又不是純理智的。整個人生亦不是冷靜的，亦不是純理智的。若說科學只是冷靜與純理智，則整個世界以及整個人生就根本不是科學的。試問你把科學的頭腦，冷靜，純理智的姿態，如何能把握到這整個世界以及整個人生之真相？

張目而視，傾耳而聽，如何是真的色，如何是真的聲？視聽根本便是一個動，根本便帶有熱的血，根本便參雜有一番情緒，一番欲望。不經過你的耳聽目視，何處來有真的聲和真的色？因此所謂真的聲和真的色，實際都已參進了人的熱的血，莫不附帶着人之情和欲。科學根本應該也是人生的，科學真理不能逃出人生真理之外。若把人生的熱和血冷靜下來，把人生的情和欲洗淨了，消散了，來探求所謂科學真理，那些科學真理對人生有好處，至少也得有壞處，有利也須有弊。

人體解剖，據說是科學家尋求對於人體知識所必要的手續。然而人體是血和肉組成的一架活機構，血冷下了，肉割除了，活的機構變成了死的，只在屍體上去尋求對於活人的智識，試問此種智識真乎不真？面對着一個活潑潑的生人，決不能讓你頭腦冷靜，決不能讓你純理智。當你走進解剖室，在你面前的，是赫然的一個屍體，你那時頭腦是冷靜了，你在純理智的對待他。但你莫忘卻，人生不是行屍走肉。家庭乃至任何團體，人生的場合，不是屍體陳列所。若你真要把走進解剖室的那一種頭腦和心情來走進你的家庭和任何人羣團體，你將永不得人生之真相。從人體解剖得來的一番智識，或許對某幾種生理病態有用，但病態不就是生機。你那種走進人體解剖室的訓練和習慣，卻對整個人生，活潑潑的人生應用不上。

先把活的當死的看，待你看慣了死的，回頭再來看活的，這裏面有許多危險，你該慎防。解剖術在中國醫學史上，也曾屢次應用過，但屢次遭人非難，據說在西方歷史上亦然。這並不是說解剖死人的屍體，得不到對活人的身體上之某幾部分的智識。大抵在反對者的心裏，只怕養成了你把活人當死人看的那種心理習慣。那就是冷靜，純理智，和科學頭腦。反對者的藉口，總說是不人道。不錯，冷靜，純理智，便是不人道。人道是熱和血之動，是情與欲之交流，那能冷靜，那能純理智？若科學非得冷靜與純理智，那科學便是不人道。把不人道的科學所得來的智識，應用到人生方面，這一層不得不格外留神。

科學家所要求的，在自己要頭腦冷靜，要純理智，在外面又要一個特定的場合，要事態單純而能無窮反復。那樣纔好讓他來求真。但整個世界，整個人生，根本就不單純，根本就變動不居，與日俱新，事態一去不復來，絕不能老在一個狀態上反復無窮。因此說世界與人生根本就不科學，至少有一部分不科學，而且這一部分，正是重要的一部分。讓我們用人爲的方法，把外面複雜的事態在特設的場合下單純起來，再强制的叫他反復無窮，如此好讓我們得着一些我們所要的知識。然而這真是一些而已。你若認此一些當作全部，你若認爲外面的世界和人生，真如你的實驗室裏的一切，也一樣地單純，也一樣地可以反復無窮，科學知識是有用的，然而你那種心智習慣卻甚有害。而且你所得的知識的用處，將抵償不過你所養成的心智習慣的害處來得更深更大。

原來科學家本就把他自身也關閉在一個特定的場合下的，他把他自身從整個世界整個人生中抽出，因此能頭腦冷靜，能用純理智的心情來對某些單純的事態作無窮反復的研尋。他們所得來的知識，未嘗不可在整個世界與整個人生中的某幾處應用，讓我們依然把這些科學家在特定的場合中封閉，研究人體解剖的醫生，依然封閉在解剖室裏，整個醫學上用得到解剖人體所得來的知識，但我們不要一個純解剖的醫學。人生中用得到科學，但我們不能要一個純科學的人生。科學只是尋求知識的一條路、一種方法。我們用得到科學知識，但我們不能要純科學的知識。否則我們須將科學態度和科學方法大大地解放，是否能在科學中也放進「熱和血之動」，在科學中也滲入「人之情感與慾望」，讓科學走進人生廣大而複雜的場面，一往不復的與日俱新的一切事態，也成爲科學研究之對象呢?這應該是此下人類尋求知識一個新對象，一種新努力。

前一種科學，我們稱他爲「自然科學」，後一種科學，則將是「人文科學」了。近代西方科學是從自然科學出發的，我們渴盼有一種新的人文科學興起。人文和自然不能分離，但也不能用自然來吞滅了人文。人文要從自然中出頭，要運用自然來創建人文。我們要有複雜的變動的熱情的人生科學，來運用那些單純的靜定的純理智的非人生的自然科學。

（此文作於民國三十七年春，刊於四十八年七月人生雜誌十八卷五期。）

一六　我與他

理想的「我」，應該放在人人心目中，無不發現有一個「他」，而同時又無不發現有一個「你」。這話如何說呢？

據說現世界的人類，約莫有二十萬萬之多。你在此二十萬萬人中，只佔了二十萬萬分之一。而且自有人類以至今日，據說至少也有五十萬萬年。你的生命，若以百歲計，也祇佔了五千萬分之一。而且此後人類的生命還是無窮無盡，那你在此無窮無盡的人生中間，所佔的分量，若說是滄海一粟，豈不太誇大了嗎？則試問在此若大滄海中，投進你這渺小之一粟，究竟價值何在？意義何在？然而這卻不關緊要。人生總是這樣一個人生。人生有一個「大同」，同此五官四肢，同此視聽食息，同此生老病死。在五十萬萬年以前，直到五十萬萬年以後，在此二十萬萬人之內，推到二十萬萬人之外，若你略其異而觀其同，你既把握到此七尺之軀的五官四肢，你既嘗味到此百年間的視聽食息和生老病死，你當知天下老鴉一般黑，豈不反正相差無幾？你見到了一個圓，不必定要看盡天下萬世之圓，圓總之只是這樣一個圓。你既見到了一個方，不必再定要看遍天下萬世之方，方總只是這樣一個方。所以你莫嫌渺小，莫恨短促，你只要活得像個「人樣子」，你便是無窮無盡人生一榜樣。長宙廣宇，往古來今，只要是一人，總跳不出你的規模，離不了你的格局。若使把你的一生放在人人眼裏，放在人人心中，人人覺得你也如他一般。回過來說，便是他如你一般，你也該夠無遺恨了。所以說要放在人人心目中，無不發現有個他。

但這裏卻有一個問題。儻使在此長宙廣宇，往古來今，五十萬萬年，二十萬萬人，全是一色一樣，同此五官四肢，同此生老病死，同此視聽食息，同此喜怒哀樂，同此圓規方矩，則試問又何必定要多你一個呢？當知我之所以可貴，一面在能與人「大同」，另一面卻在能與人「小異」。在此長宙廣宇往古來今無窮無盡的人生中間，當知只許有一個我，不許再有第二個我。也只能有一個我，不能再有第二個我，如此「我」纔可貴。我只是我，不能又是他。若你又就是他，他已有了一個他，不希罕再有一個你的他。因此你若放在他之眼裏，放在他之心中，應該使他覺到你有些處確實不是他，在他身上缺了你，他纔覺得你之可貴。在他身上有着你，他纔覺得你之可愛，所以你應該像他，同時又該不像他，這始是你之有意義處，始是你之有價值處。

因此說，理想的我，應該放在人人心目中，無不發現有他，而同時又無不發現有你。

其實人生本來是這樣，人人與人相同，人人與人相異。誰也不能與衆不同，誰也不能與衆全同；誰也不能與衆不異，誰也不能與衆全異。長宙廣宇，往古來今，無窮無盡的人生，本來就是這樣了，那值得大驚小怪把此來作宣傳，作描寫呢？然而人生之真價值、真意義卻便在此。若使人生本來不如此，要人來大驚小怪地作宣傳作描寫，要人來刻意奉行，窮氣竭力還恐做不到，那便決非人生道理了，强人所難，人又誰肯來接受你那一套宣傳，承認你那一套描寫呢？

讓我們把此問題縮小，只就一個人的生命來講。我一天的生命，便是一天的我。理想的一天的我，應該和天天的我有其同一處，同時又有其相異處。前者表示其人格之堅强與鮮明，後者表示其生命之活潑與動進。中國古語有云：「昨日種種譬如昨日死，今日種種譬如今日生。」此事不可能，而且也要不得。死卻一部分，又新生一部分，同時也還保留一部分，這纔是人生之正軌。其實這也是人人生命之共有狀態，人人本來就如此。惟其人人本來就如此，所以可以把來做人人生活的標準與理想。

孔子釋迦和耶穌，他們人格的偉大處，也只在人人中間都有他，而又人人中間都沒有他。他們的日常生活，他們的全生命之內心歷程，也只是永是那樣，而又永不是那樣。

一切的一切，都該作如是觀。

（此文作於民國三十七年春，刊於四十八年七月人生雜誌十八卷五期。）

一七 神與聖

人的生活，總要不滿意他的現實，總要超出他的現實而別有所想望。因此便不免要不滿他自己。人和人的現實，大體相差不甚遠，不滿他自己，同時便就要不滿意別人。不滿意自己，又不滿意別人，那便同時不滿意到人類的全體了。不滿意人類的全體，但同時又跳不出人類的全體，而別有所想望，於是遂有所謂「神」與「聖」者出現在人們的心裏。神與聖只是一種超人的思想，而同時又是一種不離人生的想望。神與聖皆是「超人生而不離人生」者。但中間也有別。神是非人間的；聖則是人間的。神是超人間而投入於人間的；聖是人間的而又是超出於人間的。換言之，就人而言，神應該是非自身的、超越的、絶對的；聖則是內在的、相對的、即自身而存在的。在人生中間確曾有過聖，但亦確沒有過神。神是純想像、純理論的；而聖則是經驗的、實際的。縱然其間多少也有些人類的想像參加了。但神是在純想像的底子上而塗抹上人生的實際經驗；聖則是在人生實際經驗上而塗抹上些想像。因此，聖與神，也可說是「分數」上的不同，同時也可說是「性質」上的不同。有些人想像人神合一，有些人想像人皆可以爲堯舜，人人皆可成佛。聖人與我同類，即身即佛，是崇聖者的理論。中國人容易接佛教，這也是一個因緣吧！

神應該是全體主義的，而聖則是人本主義的。中國人常說，「萬物一太極，物物一太極」。聖即是物物一太極，在物物一太極之上，而建立起一個萬物一太極來。這是由人而上通於天的。物物一太極，這個太極也是可以成爲現實的。神則是要求萬物沒入一太極中，而萬物盡失其存在，而其實這一個太極，由人本主義者看來，也不免要成爲一個虛無的。主張泛神論者，可說把萬物一太極降入萬物之中，而成物物一太極了。如是則木石瓦礫、糞穢臭腐，莫非神聖，如是則神雖是絕對的，而泛神論者反而現神爲平等的了。聖雖是相對的，而崇聖論者卻轉而認爲聖人與人之間有階級了。

神造物，又造人，因此人與物在神之面前，應該是沒有地位，沒有權力的。聖則是由人自做而成。人自己做成聖，無論性善論者性惡論者都如此般主張，所以說崇聖論者是人本主義的。崇聖論的終極主義，一定要說成「人皆可以爲堯舜」，「人皆可以爲禹」，「人人皆可成佛」，那時則是一個「聖世」了。但聖世與神國又不同，神國須把現世倒轉到創造者那邊去，聖世則即在現世上建造，依然是一現世。換言之，神國在天上，聖世在地下。神國在已往，聖世在將來。或者說神國在外，聖世在己。

神不僅創造了人類，而且創造了整個的宇宙。人類在神的面前，固是地位低微，而人在自然界中的地位，在尚神論者的意想中，也不見得特別偉大與重要。因此，尚神論者必然會注意到人類以外的世界與萬物。所以自然神論泛神論等，都是尚神論的題中應有之義了。如是則神學一轉身便走上了自然科學的路。聖則是由人類自身創造完成的，而且聖是在人類社會中而完成其爲聖的地位的。聖和自然萬物之關係疏，和人類自身的關係密。因此崇聖論者的目光，便不免要常常固滯在人文圈子的裏面了。原始佛教，本來應是一個祈求出世的宗教，如是則依然面向着自然，依然不失其探討自然的熱忱。但佛教一到了中國，出世的意味轉淡，台、賢、禪、淨中的佛菩薩，便和中國社會的聖人益發接近了。眼光心血轉向到人圈子裏來，中國高僧們的終極想望，其實只不過要做一個中國化的西方聖人，即是一個寄迹於人圈子裏而閃身在人事外面的新聖人。這便成爲佛教之中國化。道家非聖無神，他們則在想做一出世的仙人。仙人只想跳出人世間，但並不想跳出自然界。似乎在中國人的想像中，自然界之外，或自然界之上，好像再没有別一世界了，好像再没有別一種東西像神之存在了。因此中國社會一向所崇奉之神，其實仍是由人類轉變爲神的。中國人心中所想像之神和仙，其實也都還是人呀！

這裏要說到神祕主義，此在東西雙方，也各有不同。東方的神秘主義特別在其「觀心法」，使己心沉潛而直達於絕對之域，把「小我」的心象「泯失」去了，好讓宇宙萬有平等入己心中來。西方神秘主義則不同，他們要把全能無限的神作爲對象，捨棄自己人格，而求神惠降臨，攝己歸神，進入於無限，此乃雙方之不同。因此東方神秘主義不過擴大了一己的心靈，泯棄小我，而仍在此人世界之內。西方神秘主義則轉入到整個世界以外之另一界。換言之，東方神秘主義乃是依於自力而完成其爲一「聖者」，西方神秘主義，則是依於外力而獲得了「神性」。

由此言之，「尚神論」者認爲這一世界之上或外另有一世界，「崇聖論」者則認爲只有這一個世界了。故自尚神論之演變而有哲學上之「本體論」，崇聖論者則至多只講此世界有理性之「存在」，然此理性仍與西方人所想像之本體不同。總之，尚神論者目光興趣偏重在人類以外之自然界，而尤富於超現實的「理想精神」。崇聖論者，則以人文爲本位，而講社會「現實主義」。在西方神學瀰漫的思想界，直要到孔德提倡人道教，以及此後的現實哲學，纔算漸漸有些處接近了東方精神。

（此文作於民國三十七年春，刊於四十八年八月人生雜誌十八卷六期。）

一八　經驗與思維

人生根本是一個對立，我以外不能沒有非我之存在，「我」與「非我」便是一個對立。即就我而論，有生便有死，死與生又是一對立。若謂生者是我，則死了便不是我。若認死者爲我，則生的又不是我，死與生即已是我與非我之對立，故有生死便有是非。「彼我」「生死」「是非」，是人生最基本的對立。莊子齊物論已經指出。人的意見，總想在此對立上面尋出一個「統一」來。然而若超出此對立之外求統一，則此超出之統一，又與被超出之對立者成爲對立。若深入此對立之裏面求統一，則此深入之統一，又與被深入之對立者成爲對立，這樣則依然仍是一對立。

上帝和神，是超出此死生彼我而求統一的一個想法。據說一切由神造，一切回歸於神，如是則「神」與「一切」對立。宗教轉變成哲學，在一切現象之後面探究一本體。據說生死、彼我均屬現象，現象後面還有一本體，如是則本體統一了現象，然「現象」與「本體」仍屬對立。此兩種對立，宗教的和哲學的，其實形異而神同，只如二五之與一十。

人類在語言與思想中發明了邏輯，最先也只是求在對立中尋統一的工具。如說「這是甲」，好像把這與甲統一了。然而此統一中，便顯然有這與甲之對立。神與萬物，本體和現象，亦只是這與甲之複雜繁變而已。與其說「這是甲」，不如說「這是這」。不要在「這」之外另尋一個「甲」來求與「這」統一，如此般尋求統一，無異在尋求對立。若真要避免對立，尋求統一，不如只在這之本身上求之。所以說這是甲，不如說這是這。與其說人生由神創造，不如說人生便是人生。與其說現象背後有本體，不如說現象便是現象。

然而「這是這」，依然還是一對立。前一這與後一這對立，依然不統一。若真要避免對立，尋求統一，則不如只說「這」，更不說這是什麼。一切人生，一切現象，這、這、這、這，直下皆是，生也是這，死也是這，我也是這，非我也是這，是也是這，非也是這，一切對立，一切矛盾，只一「這」字，便盡歸統一，盡歸調停了。佛家稱此曰「如」，道家稱此曰「是」，又曰「然」。佛家說「如如不動」，道家說「因是已」，又說「萬物盡然」。一切皆如，一切皆是，一切皆然。生與死對立，如只說如，或只說是，只說然，便不見有對立。然而在此上便着不得言語，容不得思維。若要言，只言這，若要思，只思這，這是唯一可能的統一。

然而這一個宇宙，只見這這、如如、是是、然然，便成爲一點一點分離，一節一節切斷了的宇宙。這一個這這、如如、是是、然然的人生，也是一個點點分離，節節切斷的人生。人們在此宇宙中，過此人生，便只有突然頓然地跳躍，從生跳躍到死，從這一這跳躍到那一這。因爲點點分離，節節切斷了，這與這之中間似乎一些也沒有連繫，沒有階層次第了。所以雖像極靜止，實在卻是極跳動。但人生又那耐得常如此突然頓然地跳動？形式邏輯本來是一種靜止的邏輯。這這如如的邏輯，更是形式邏輯之徹底倒退。點點分離，節節切斷，把宇宙人生的一些連繫全解散了。但極度的靜止之下禁不住一個大反動，卻轉成爲極度的跳躍。這正猶如近代物理學，把一切物看像是靜止的，分析又分析，到最後分析出最跳動最活躍的原子粒一般。

西方人的觀點，「經驗」見稱是主觀的，主觀常易引起對立。「思維」見稱是客觀的，他們想把客觀的思維來統一主觀的經驗。一切邏輯皆從思維中產生。但形式邏輯根本免不了對立，這已說過。黑格爾辨證法，見稱爲動的邏輯，一連串「正反合」的發展，其實仍還是一個「正反對立」。他的絕對的客觀精神，仍不免和物質界現象界對立，這在上面也說過。東方人這這如如的觀法，則是從經驗倒退到純經驗直觀的路上去，在此上把對立卻真統一了。但又苦於太突兀，太跳動。柏格森說的緜延與創造的所謂意識之流，其實則並非純經驗的直觀，此二者間應該有其區別的。依柏格森的理論，應該說在心之解放之下，始得有純經驗之直觀。但在東方人看法，純經驗直觀裏，似乎不該有「記憶」，而柏格森的所謂意識之流則不能沒有記憶的，這是二者間區別之最要關鍵。再換言之，上述佛家道家這這如如的直觀法，用柏格森術語言之，應該是意識之流之倒轉，而非意識之流之前進。應該是生命力之散弛，而非生命力之緊張。柏格森要把純經驗的直觀來把握生命之真實，其實仍是在深入一層看，仍逃不出上述所謂哲學上的對立之窠臼。因此柏格森哲學，依然是一種對立的哲學，「生命」與「物質」對立，「向上流轉」與「向下流轉」對立，依然得不到統一。柏格森認爲只有哲學可以把握到真的實在之統一，其實依然擺脫不了西方哲學家之習見，遂陷入於西方哲學界同一的毛病。

現在說到中國的儒家。孟子說：

以仁存心，以禮存心。仁者愛人，有禮者敬人。愛人者人恆愛之，敬人者人恆敬之。

即此「愛敬之心」，則已融「人我」而一之。人我非對立，只是一愛敬。此乃是一親實經驗，而非思維。凡所思維，則在愛敬上思維。思其當如何愛，如何敬而止，不越出愛敬上，別有思維。如夫婦和合，父慈子孝，在我外與我對立之他，其實即吾心愛敬之所在。能愛敬與所愛敬，能所、主客、內外合一，體用無間，那纔是真統一了。更何得視之爲外在之一如、一是、一然。故此種經驗不得只謂是一主體經驗，因客體已兼融爲一。即謂之是一客體經驗，亦復不是，因主體亦同在此經驗中，如此則愛敬即人生本體，非僅屬現象，但亦不得謂是唯心論。因愛敬必兼事物言，離事物亦即無愛敬可言矣。

彼我如是，死生亦然。孔子曰：

祭神如神在，我不與祭，如不祭。

則祭之一事，仍是此心愛敬之表現。死生一體，仍只在吾心之愛敬上。故孔子又曰：

未知生，焉知死。

若離卻此心之愛敬，又焉知死之為況乎。故孔子又曰：

愼終追遠，民德歸厚。

一切仍說在我此心之「德」上。而事物亦兼在其內矣。故此亦一經驗，非思維。思維屬知，「有知無仁」，則為西方之哲學。否則亦如莊周釋迦之所見，能知所知，終成對立。惟儒家「攝知歸仁」，則無此病矣。故儒家不像西方神學家般超在外面看，也不像西方哲學家般深入裏面看。儒家態度比較近於道、佛兩家，所以共成其為東方系統。儒家無寧是偏倚經驗，尤勝於偏倚思辨的。但道、佛兩家要從經驗退轉到純直觀的階段，以求主客對立之統一。儒家則從經驗前進，通過思辨而到達客觀經驗之境地，以求主客對立之統一。其求統一雖一，其倚重主觀之經驗雖一，而其就常識經驗之地位而一進一退，則互見不同。正為儒家加進了我心之愛敬一份「情感」在內，所以與道佛又不同了。

此處所謂客觀經驗，若再以柏格森術語相比擬，則有似於其所謂之「純粹緜延」。此一種純粹緜延，乃是生命本體，或說意識大流，穿越過個體生命之意識流而存在者。惟這一觀念，無疑是「思辨」超越了「經驗」。所以成其為西方的哲學。而中國儒家則在心之長期緜延中，必兼涵有此心之情感部份，即前述我心之愛敬，此乃把情感亦兼涵在意識之內，而與西方人只言純理性、純思辨、純知識之意識大流又不同。

今再淺白言之，若由純知識的探討，則「彼我」「死生」自成兩體對立。加進了「情感」，則死生、彼我自然融會成爲一體。實則此一體，非有情感，則無可經驗。而兼有了情感，則自無主客之分了，又試問如柏格森言記憶，使無情感，又何來記憶呢？

今再說及此種客觀經驗如何來統一許多主觀經驗之對立。在先秦儒道兩家都用一「道」字，而佛教之華嚴宗則改用一「理」字，創爲「理事無礙」之論來作說明。每一事就其事之本位，即每一事之主觀性言，則與別一事爲對立。就其事與事間之條理言，則事與事之對立消失而形成爲一種統一。所以說「一理萬事」。每一事是一經驗，集合萬事散殊之經驗，而成一客觀經驗，便可經驗到一理。所謂客觀經驗者，乃在此萬事中抽出一共通條理而統一此萬事。否則萬事平舖散漫，勢將轉入這這如如之境，此則爲一種純經驗。又否則必然超出於萬事之上，或深入於萬事之裏，而另求統一，則爲宗教與哲學。今則不超於萬事之上，不入於萬事之裏，只就萬事而在其本身上籀出其相互間之共通條理，認識其相與間之連繫而統一之。故理不在事之上，亦不在事之後，乃只在事之中，只就於事之本身中尋統一，故爲真統一，而非對立上之統一。

此後朱子即頗采華嚴宗言，而唱「理氣同源」論。惟朱子言「性即理」也，性之內即包有情。又說：

仁者心之德，愛之理。

亦仍把此「理」字觀念兼鎔到內心「情感」上來，不失儒家之大傳統。故其言大學「格物、致知」必以「吾心之全體大用與衆物之表裏精粗」並言。則試問那有撇開情感而可「我心之全體大用」的呢？

故經驗中必兼情感，而思維則只緊貼在情感上，此則惟中國儒家爲能暢發其深義。故西方哲學思維都屬「無情」的，即言其宗教信仰，生人之對於上帝似若有情，實亦無情，惟其思維信仰無情，故經驗亦無情。道佛兩家，道家屬思維，佛家雖有信仰但亦多偏於無情。惟儒家則經驗思維皆有情，故遂爲中國文化之大宗。

至於儒家如何把握此原則，而在其內心上善用一番培養運使的實地功夫，則尤其在宋代理學家後更多採納了道佛兩家之經驗，此處則不再詳述了。

（此文作於民國三十七年春，刊於四十八年八月人生雜誌十八卷七期。）

一九　鬼與神

「鬼」是人心所同關切的，「神」是人心所同崇敬的。只要你一走進禮拜堂或其他神廟，你的崇敬之心，便油然而生。只要幾個人聚在一起談鬼，便無不心嚮往之，樂聽不倦。但這世界上究竟有沒有鬼神呢？據說鬼神是從前迷信時代的產物，現在科學時代，不該再有鬼神之存在了，這話也有理由。

遠的我不能說，據我所知，在我們祖父乃至父親們的時代，那時不還是一個迷信的時代嗎？那時人心中卻都確實認爲有鬼神。這事情也很簡單，那時多還是在農村經濟下過生活，一個人穿着的衣服，尤其是男的長袍和女的襖子裙子，稍莊嚴稍華貴些的禮服之類，幾乎是要穿着幾十年乃至畢生以之的。那時的飲食也沒有幾多花樣，一個人喜歡吃什麼，終生只有這幾味。家裏使用的器具，如一張桌子，一張椅子，一個硯臺，一柄長煙管，往往也一個人使用了一輩子。居住的房屋，一樣地一輩子居住，臥室永遠是那間臥室，書房永遠是那間書房，早上走進書房，坐在這椅子上，吸着那柄長煙管；晚上走進那臥室，睡上那張床，幾十年，一生，沒有變動過。家人相聚，也是數十年如一日。鄰里鄉黨，親戚朋友，墳墓祠堂，一切一切，全如此。祖父死了，父親接下，走進那間臥室，看見那張床，那得不想到他父親。他父親陰魂不散，鬼便流連在那臥室，依附在那床上。跑進書房，看見那書桌、那椅子，又要想到他父親，他父親的鬼，又流連在那書房依附在那桌子椅子上。摸到那長煙管，用到那硯臺，他父親的陰魂又好像依附在那煙管和硯臺上。春秋嘗新，喫到他父親生前愛喫的幾樣菜，他父親的鬼又好像在那幾樣菜上會隱約地出現。有時還不免要把他父親的衣服如長袍馬褂之類，修改一下，自己穿上身，他父親的鬼，便像時時依附在那長袍馬褂之上，時時和自己親接了。走進祠堂，或到墳墓邊，或遇見他父親生時常過從的親戚，常流連的鄉鄰，他父親的鬼總會隨時隨地出現。那時的人生，因爲和外面世界的一切太親暱了，而且外面的世界又是太寧定了。總之，兒子的世界，還是他父親的世界，單單只在這世界裏驟然少了他父親一個人，於是便補上他父親一個鬼，這是人類心理上極爲自然的一件事。這好像並不是迷信，你若硬指他說是迷信，他會不承認。

說到他父親生時的事業，或是做工匠的，他一生凝神盡智做這一樣工。有時做得極得意，太精巧太入神了，他的畢生生命，好像便寄存在這幾件工作上。或者他是一農人，那幾塊田地，一隻耕牛，便是他的生命，他的鬼，有時便在那耕地和老牛身上出現。或是一個書生，他生前喜歡讀的幾本書，或是自己有一些著作，那都是畢生心血，喜愛所鍾，那有一死便了之理？他生前的享用還存在，他生前的創作也存在，那即是他的生命還存在。但他的人則確已過去了，於是有他的鬼來替他這個人。

到現在，世界變了，我們是生在科學時代，在工商經濟極活躍極跳動的時代下生活。說到你所穿着，一年儘有換上幾套的，從没有一件衣穿着了幾十年乃至一輩子。說到飲食，我們口福太好，喜歡的也多了，說不出什麼味是我的真愛好。說到器具，新式的替代老式的，時髦的換去不時髦的。川流不息，層出無窮。說到居住，今年在這裏，明年在那裏；今天在這裏，說不定明天在那裏，幾千里之外，常常奔跑流轉。你的兒子，從小便走進了學校，一樣如你般向外奔跑，一樣在幾千里之外終年流轉。便是夫與妻，也不一定老廝守在一塊。而且社交頻繁，女的認識的男的，男的認識的女的，也實在太多了。心神不定，夫的生命不盡在妻身上，妻的生命也不盡在夫身上。鄰里鄉黨更不必說。親戚朋友，一並淡漠。墳墓祠堂，現在人更顧不到了。試問你若一旦離此世界而去，你的心神在此世界裏還留戀在那些上面呢？你將茫然不知所對。你的陰魂早散了，叫別人在此世界的那些處再記念到你呢？因此這邊的人，不僅不會再遇見你的人，而且也不會再遇見你的鬼。

再說到你在此世界的事業，做工的在工廠裏，這是集體的機械工作，那一件東西是由你親手而製成的，那一件是你獨出心裁，把你心和血凝結在上面而創造的？你那塊田地，現在是機械耕種了，或已建築起高樓大廈在上面。你若真有一個鬼，偷偷地回來一看，你將不認得你那塊地，你也將感到索然寡味。你生前所愛好的幾本書，據說現在已歸入古紙堆中，沒有人理會了。而且你在生前，所瀏覽涉獵的實在也太多，你自己也模糊了，說不出那幾本書真是你所愛好、所潛心。不待到你死，你也早把它們遺忘了。論到你的思想，時代變遷，早已落伍了。你的著作，也早給人遺忘了。你若再是這世的人，你亦將對你那世的一切，爽然若失，不感興味了，再也提不起你的記憶來。因此你的鬼，再也不能在此上依附寄託而發出感人的靈光。世界一切在變，變得緊張，變得混亂。別人的擠開了你的，你也擠開了別人的。今天的擠開了昨天的，明天的又擠開了今天的。如此般擠，每一個人在此世界上，全擠得游離飄蕩。當你生時，早已擠得站不住腳跟，像游魂一般。當你死後，你如何再立得住腳，在此世界上再留下你一個鬼影子來呢。從今以後，怕只有冤氣一口的厲鬼惡鬼，還能偶而顯現吧！

鬼的事權且擱下不說，讓我們再說到神。神是鬼中間更生動有威靈的。這世界太沉滯，太寧定了，因此我們要有神來興奮，來鼓舞，來威靈生動。現在的世界日新月異，無一刻不興奮，無一刻不生動。騰雲駕霧，上天下地，以前一切想望於神的事，現在人都自己來擔當，來實幹。神在這時代，也只有躲身一旁，自謝不敏了。

這是不錯的，科學打破了我們的迷信，但科學也已趕走了我們一些大家關切大家崇敬的東西了。

（此文作於民國三十七年春，刊於四十八年九月人生雜誌十八卷八期。）

二〇　鄉村與城市

就有文字記載的歷史中之人生而論，大體説來，似乎人常從自然走向文化，從孤獨走向大羣，從安定走向活動。自然、孤獨與安定，如木之根，水之源。文化、大羣與活動，如木之枝，水之流。若文化遠離了自然，則此文化必漸趨枯萎。若大羣泯失了孤獨，此大羣必漸成空洞。若活動損害了安定，此活動也必漸感怠倦，而終於不可久。

鄉村是代表着自然、孤獨與安定的，而城市則是代表着文化、大羣與活動。鄉村中人無不羨慕城市，鄉村也無不逐漸地要城市化。人生無不想擺脱自然，創建文化，無不想把自己的孤獨投進大羣，無不想在安定中尋求活動。但這裏有一限度，正如樹木無不想從根向上長，水無不想從源向前流。但若撥了根，傾了源，則枝亦萎了，流亦竭了。沒有自然，那來文化？沒有個人，那來羣衆？沒有安定，那來活動呢？人的心力體力，一切智慧情感，意志氣魄，無不從自然中汲取，從孤獨而安定中成長。人類挾着這些心力、體力、智慧、情感、意志、氣魄，纔能創建出都市，在大羣中活動，來創造出文化，而不斷上進，不斷向前。但使城市太與自然隔絕了，長在城市居住的人，他們的心力體力也不免會逐漸衰頹。人在大羣中，易受感染模倣，學時髦，卻湮沒他的個性。職業不安定，乃至居處不安定，在活動中會逐漸感到匆忙、敷衍、勉強、不得已。因此精力不支，鼓不起興趣，於是再向外面求刺激，尋找興奮資料，乃至於神經過敏，心理失常，種種文化病，皆從違離自然，得不到孤獨與安定而起。

一個鄉裏人走向城市，他帶着一身的心力體力，懷抱着滿腔的熱忱與血氣，運用他的智慧情感意志氣魄來奮鬥，來創造。他能忍耐，能應付。他的生活是緊張的、進取的，同時卻也是來消散精力的。一個城裏人走向鄉村，他只覺得輕鬆解放，要休息，要遺忘。他的生活是退嬰的，逃避的。他暫時感到在那裏可以不再需要智慧，不再需要情感，不再需要意志與氣魄。他也不再要緊張、奮鬥與忍耐。然而他卻是來養息精力的。在他那孤獨與安定中，重與大自然親接，他將漸漸恢復他的心力體心，好回頭再入城市。

人類斷斷不能沒有文化，沒有都市，沒有大羣集合的種種活動。但人類更不能沒有的，卻不是這些，而是自然、鄉村、孤獨與安定。人類最理想的生命，是從大自然中創造文化，從鄉村裏建設都市，從孤獨中集成大羣，從安定中尋出活動。若在已成熟的文化，已繁華的都市，已熱鬧的大羣，已定形的活動中討生活，那只是掙扎。覓享用，那只是墮退。問前途，也恐只有毀滅。想補救，只有重返自然，再回到鄉村，在孤獨的安定中另求生機，重謀出路。

因此人類文化之最大危機，莫過於城市僵化，與羣體活動之僵化。城市僵化了，羣體活動僵化了，再求文化之新生，則必在徹底崩潰中求得之，此乃人類文化一種莫大之損失。大都市易於使城市僵化。嚴格的法治主義易於使羣體僵化。近代「托拉斯」企業，資本勢力之無限集中，與夫機械工業之無限進展，易於使工商業生產種種活動之僵化。此乃近代文化之大殷憂。百萬人以上喧囂混雜的大都市，使人再也感不到孤獨的情味，再也經驗不到安定的生活。在資本主義絕對猖獗之企業組織中，人人盡是一雇員，再也沒有個性自由。而又兼之以機械的盡量利用，每一雇員，同時以做機械的奴隸之身分而從事，更沒有個性自由之餘地。個性窒息，必使羣體空乏。在個性未全窒息，各自奔競着找出路，麕聚到幾百萬人以上的大都市中，在嚴格法治與科學的大組合，以及機械的無人情的使用中，人與人相互間，必然會引生出種種衝突來。現世界的不安，其癥結便在此。

譬如一個武士，用全副重鎧披戴起來，他勢必找一敵人來決鬬一番，否則便將此全副披戴脫卸，再否則他將感得坐立不安，食不知味，寢不入夢，老披戴着這一副武裝，勢必病狂而死。目前的世界，幾乎對外盡在找敵人廝殺，對內又盡在努力求脫卸此一身重鎧，同時亦盡在坐立不寧寢食不遑的心情中走向病狂之路。但我們須知，正因其是一武士，所以能披戴上這一副重鎧。並不是披戴上了這一副重鎧，而遂始成其爲武士的。而沒有披戴上這一副重鎧的人，卻因於懼怕那武士之威力，而急求也同樣尋一副重鎧披戴上，而他本身又是一羸夫，則其坐立不寧寢食不遑將更甚。其走向病狂之路將更速。若使遇到一敵人廝殺，其仍歸於同一的死亡絕命，也就不問可知了。

人類從自然中產出文化來，本來就具有和自然反抗決鬬的姿態。然而文化終必親依自然，回向自然。否則文化若與自然隔絶太甚，終必受自然之膺懲，爲自然所毀滅。近代世界密集的大都市，嚴格的法治精神，極端的資本主義，無論其爲個人自由的，抑或階級鬬爭的，乃至高度機械工業，正猶如武士身上的重鎧，這一個負擔，終將逼得向人類自身求決戰，終將逼得不勝負擔而脱卸。更可憐的，則是那些羸夫而亦披戴上這一副不勝其重的鎧冑，那便是當前幾許科學落後民族所遭的苦難。這正猶如鄉裏人没有走進城市去歷練與奮鬬，而徒然學得了城市人的奢侈與狡猾。

鄉裏人終需走進都市，城市人終需回歸鄉村。科學落後的民族，如何習得科學，建設新都市，投入大羣體而活動。城市人如何調整科學發展過度的種種毛病，使僵化了的城市，僵化了的羣體生活，依然回過頭來重親自然，還使人享受些孤獨與安定的情味。這是現代人所面遇的兩大問題。而其求解決困難的方法與途徑各不同。這裏需要各自的智慧，各自的聰明，誰也不該學步誰，誰也不須欣羡誰。

（此文作於民國三十七年春，刊於四十八年九月人生雜誌十八卷八期。）

二一　人生與知覺

人生最真切的，莫過於每一個人自己內心的「知覺」。知覺開始，便是生命開始。知覺存在，便是生命存在。知覺終了，便是生命終了。讓我們即根據每一個人內心的知覺，來評判衡量人生之種種意義與價值，這應該是一件極合理的事。

請先就物質生活說起。所謂物質生活者，乃指衣、食、住、行等而言，這些只是吾人基層最低級的生活，他在全部生活中，有其反面消極的價值。但人生繼此以往，尚大有事在，不能就此認爲是人生積極的正面。維持了肉體的生活，纔始有人生，然不能說人生只在維持肉體的生存。

試先就飲食言，飲食尤其是物質生活肉體生活中最低下的一種，雖說是最基本的，然而並不是最有意義的。没有飲食，便不能有一切的生活，然而飲食包括不盡人生之全部，而且也接觸不到人生之高處。何以故?因味覺是人心知覺中最低下的一種。味覺没有深度，喝菜湯和喝鷄湯，並没有很大的區別。每一個人喝着鷄湯，所得感覺，亦大體相同。不能說你喝鷄湯的味覺較之别人更高明，更優美些，更有意義，或更有價值些。而且味覺不僅没有深度，反而有遞進遞減之致。喝一口是那樣味，喝兩口三口還是那樣味，而且反而會一口不如一口，越多喝將感其越平淡，漸降而至於厭了沒有味。而且味覺又不能保留，喝過喫過便完了，飽即饜，餓又饞，當時不想喝，過了些時又想喝，再喝又還是那種味，並沒有每進愈佳之感，永遠使你不滿足，又永遠要叫你感到乏味。若使人生真爲飲食而來，每一個人，只要挑選最精美的盛饌，飽餐一頓，從此死去也可無憾。何以故?因味覺永遠只是那般。而且別人嘗到了，我和你也儘可不再嘗。何以故?還是那一般味。古人說，食色性也，若專就男女性生活中之觸覺而言，則其內心所感知的，也就和上述的味覺差不多。因此食色雖是人生中最基本的項目，卻並非高貴有意義的項目。

現在再說衣服，衣服在物質生活上的功效，只是保持體溫而止，此上再加一些輕軟之感便完了。繼此以往，不再有什麼了。若人生專爲衣着，則你試挑一身舒適的衣裝穿上身，一度感到他的經軟溫煖便夠了，再沒有可以使你更進求之的了。一切的衣着，最了不得，在你皮膚的觸覺上，永遠是那般。至於你穿着盛裝出外交際，赴人宴會，那時你內心所感覺的，不盡在飽煖上，那已超出了肉體生活物質生活之外，自然又當別論。住與行，依此推知，不再說。

人生在消極的反面的物質生活之上，猶有正面的積極的精神生活。試先言藝術的生活，亦可說是愛美的生活。當人類文化淺演之時，在其於肉體生活消極方面稍得滿足，便會闖進愛美的人生。我們發現初民的洞壁上往往有精緻優美的圖畫，他們遇見風月佳景，也會在洞外舞唱。不用說，這些都是愛美人生之初現。即就一嬰孩言，當他喝飽了奶，安穩地睡在搖籃裏，有光明的線條射到他的眼簾，或是和柔的聲浪鼓盪他的耳膜，他內心也會發生一種生命的欣喜。漸漸大了，長成了，一切遊戲、歌唱、跳舞，活潑潑地，這不是一種藝術的人生嗎？所以藝術人生也是與生俱來的。然而這種人生，卻能領導你投入深處。一個名廚，烹調了一味菜，不至於使你不能嘗。一幅名畫，一支名曲，卻有時能使人莫名其妙地欣賞不到他的好處。他可以另有一天地，另有一境界，鼓舞你的精神，誘導你的心靈，愈走愈深入，愈升愈超卓，你的心神不能領會到這裏，這是你生命之一種缺陷。人類在謀生之上應該有一種愛美的生活，否則只算是他生命之夭折。

其次說到科學人生，也可說是求知的人生，此亦與生俱來。初民社會，沒有知道用火，但漸漸地發明了用火。沒有知道運用器械，但漸漸地發明了各種器械。由石器、銅器、鐵器而漸漸達於運用電、運用原子能。這一連串的進步，莫非是人生求知的進步，即是科學的進步。就初生嬰孩言，他只遇到外面新奇的事物，他也知道張眼伸手，來觀察、來玩弄，反復地，甚至於破壞地來對付它，這些都是科學人生求知人生之初現。你具備着一副愛美的心情，你將無所往而不見有美。你具備着一副求知的心情，你將無所往而不遇有知。縱使你有所不知，你也能知道你之不知，這也已是一種知了。所以愛美求知，人人皆能。然而美與知的深度，一樣其深無底，將使你永遠達不到他的終極之點。人生在此上纔可千千萬萬年不厭不倦無窮無盡不息不已地前進。

然而有一點須得交代清楚，藝術與科學，乃由人類「愛美」與「求知」的心靈所發掘、所創造，但及其經過了一番發掘創造之後，而具體化了，卻仍然要落在「物質」上。在平淺的心靈上映照出來則依然平淺，依然成爲一種物質生活內的事。石像雕刻，則只是用石塊來雕刻一人形。一幅畫只是在紙上塗此顏色，成一些形像。一隻歌曲，則只是一片聲音，連續的高下快慢，如是而已。今天大家在震驚誇耀着科學的成就，其實電燈只是在黑夜能照見，那有什麼了不得。有時坐在電燈下，還不如坐在月光下。有時坐在月光下，還不如坐在黑處。在電燈光下做事的人，並不比在油燈光下做事的人高明些。正猶如吃鷄湯長大的，並不比吃菜湯長大的高明些。正因爲這些只是物質生活邊的事，一切物質生活全沒有多大深度，因此影響於全部人生的，也並不深刻。乘飛機，凌空而去，只是快了些，並不見得坐飛機的人，在其內心深處，便會發出多大變化來。若就內心生起深微的刺激而言，有時飛機不如坐帆船或騾車，有時更不如步行。

明白言之，發明飛機，發明電燈，那種求知心靈的進展是可驚嘆、可誇耀的，至於坐飛機與用電燈，則依然是一種物質生活，依然平淺，沒有多大的深度，正猶如你喫着豐美的盛饌，穿着華麗的服裝，同樣不能提你的生活價值。

換言之，科學家只在人類求知心靈之進展上與人的貢獻大，若其在物質生活之享受上的貢獻則並不算得大。因凡屬物質生活之享受總是平淺，並不能對此有更深更高之貢獻。再換言之，若使一個人畢生沒有坐飛機，用電燈，也不能算是人生一種缺陷。若使其人終身囿於物質生活中，沒有啟示透發其愛美的求知的內心深處。一種無底止的向前追求，則實是人生一最大缺陷而無可補償。人生只有在「心靈」中進展，絕不僅在物質上塗飾。

再次說到文學人生。藝術人生是愛美的，科學人生是求知的，文學人生則是「求真」的。藝術與科學，雖不是一種物質生活，但終是人類心靈向物質方面的一種追求與闖進，因他們全得以外物爲對象。文學人生之對象則爲「人類之自身」。人類可說並不是先有了個人乃始有人羣與社會的，實在是先有了人羣與社會乃始有個人的。個人必在人羣中乃始有其生存之意義與價值。人將在人羣中生活，將在別人身上發現他自己，又將在別人身上寄放他自己。若沒有別人，一個人孤另另在此世，不僅一切生活將成爲不可能，抑且其全部生活將成爲無意義與無價值。人與人間的生活，簡言之，主要只是一種「情感的」生活。人類要向人類自身找同情，只有情感的人生，始是真切的人生。喜、怒、哀、樂、愛、惡、欲，最真切的發展，只在人與人之間。其最真切的運用，亦在人與人之間。人生可以缺乏美，可以缺乏知，但卻不能缺乏同情與互感。沒有了這兩項，那還有人生？只有人與人之間始有同情互感可言，因此「情感即是人生」。

人要在別人身上找情感，即是在別人身上找生命。人要把自己情感寄放在別人身上，即是把自己的生命寄放在別人身上了。若人生沒有情感，正如沙漠無水之地一棵草，僵石瓦礫堆裏一條魚，將根本不存在。人生一切的美與知，都需在情感上生根，沒有情感，亦將沒有美與知。人對外物求美求知，都是間接的，只有情感人生，始是直接的。無論初民社會，乃及嬰孩時期，人生開始，即是情感開始。剝奪情感，即是剝奪人生。情感的要求，一樣其深無底。千千萬萬年的人生，所以能不厭不倦，無窮無盡，不息不止的前進，全藉那種情感要求之不厭不倦，無窮無盡，不息不止在支撐、在激變。

然而愛美與求知的人生可以無失敗，重情感的人生則必然會有失敗。因此愛美與求知的人生不見有苦痛，重情感的人生則必然有苦痛。只要你真覺得那物美，那物對你也真成其爲美。只要你對那物求有知，那物也便可成爲你之知。因不知亦便是知，你知道你對他不知，便是此物已給你以知了。因此說愛美求知可以無失敗，因亦無苦痛。只有要求同情與互感，便不能無失敗。母愛子，必要求子之同情反應。子孝母，也必要求母之同情反應。但有時對方並不能如我所要求，這是人生最失敗，也是最苦痛處。你要求愈深，你所感到的失敗與苦痛也愈深。母愛子，子以同情孝母；子孝母，母以同情愛子，這是人生之最成功處，也即是最快樂處。你要求愈深，你所感到的成功與快樂也愈深。人生一切悲歡離合，可歌可泣，全是情感在背後作主。夫婦、家庭、朋友、社團，忘寢忘食，死生以之的，一切的情與愛，交織成一切的人生，寫成了天地間一篇絕妙的大好文章。人生即是文學，文學也脫離不了人生。只爲人生有失敗，有苦痛，始有文學作品來發洩，來補償。

但文學終是虛擬的，人總還不免仍要從文學的想像，轉回頭來，面向真實的人生，則依然是苦痛，依然是失敗，於是因情感之逃避而有宗教。人把生命寄放給上帝。人不能向別人討同情，因此在上帝身上討同情。人不能生活在別人心裏，因此想像生活在上帝心裏。別人的心，我不能捉摸，上帝的心卻像由我捉摸了，這便成爲我的信仰。我信仰了上帝，便捉摸到了上帝的心。我愛耶穌，耶穌也一定愛我。我愛上帝，上帝也一定愛我。人生一切失敗與苦痛，盡可向上帝身邊去發洩，要求上帝給我以補償。因此宗教人生其實也只是情感的、想像的。人生中間一切悲歡離合，可歌可泣，盡向上帝默訴。在我心裏有上帝，轉成爲在上帝心裏有我。上帝便成了文學人生的一件結晶品。宗教也只是一首詩。

然而上帝之渺茫，較之文學中一切描寫更渺茫。上帝之虛無，較之文學中一切想像更虛無。人只向上帝處討得一些慰藉，鼓得一些勇氣，依然要回向到現實人生來。你不愛我。我還是要愛你。你不信我，我還是要信你。你不給我以同情，我還是要以同情交付你。由是信仰的人生，又轉成爲意志的人生。宗教的人生，亦轉成爲道德的人生。祈禱轉成爲實踐，逃避轉成爲奮鬥。一轉眼間，只要你覺得他可愛，他終還是可愛。只要你覺得他可信，他終還是可信。只要你肯放他活在你心裏，他真活在你心裏了，也終於像你亦許活在他心裏了，如是則完成了東方人的性善論。「性善論」也只是一種「宗教」，也只是一種「信仰」。性善的進展，也還是其深無底。性善論到底仍還是天地間一篇大好文章，還是一首詩，極感動、極深刻，人生一切可歌可泣，悲歡離合，盡在性善一觀念中消融平靜。所以人生總是「文學的」，亦可是「宗教的」，但又該是「道德的」。其實道德也依然是宗教的、文學的，而且也可說是一種極真摯的宗教極浪漫的文學。道德人生以及宗教人生、文學人生，在此真摯浪漫的感情噴薄外放處，同樣如藝術人生科學人生般，你將無往而不見其成功，無往而不得其歡樂。

人類只有最情感的，始是最人生的。只有喜怒哀樂愛惡欲的最真切、最廣大、最堅强的，始是最道德的，也即是最文學的。換言之，卻即是最藝術最科學的，也可說是最宗教的。你若嘗到這一種滋味，較之喝一杯鷄湯，穿一件綢衣，真將不知有如天壤般的懸隔呀！

請你把內心的覺知來批判人生一切價值與意義，是不是如我這般的想法說法呢？

（此文作於民國三十七年春，刊於四十八年九月人生雜誌十八卷九期。）

二二 象外與環中

若說生命與非生命（物質）的區別，主要在有知覺與無知覺，則自最先最低級的原形膠質的生命像阿米巴之類，他也像已有知覺存在了。所謂知覺，只是知有己與知有物，這一「知覺」，便把世界形成我和非我，內和外，但最先最低級的知覺只是在模糊矇矓昏睡的狀態中。直至一切植物，還是那樣。生命演進到高級的動物界，他的知覺纔逐步覺醒、清楚而明晰。人類佔了生命知覺之最高最後的一境，因此在人類的心覺中，己與物，我與非我，內與外，纔有一個最清楚最明晰的界線。但一到人類的心覺中，己與物，我與非我，內與外，卻又開始溝通會合，互相照映，融成一體。我的心中，活着許多別人，在許多別人心中卻活着有我。

一切生命，都寄放在某一特定的個別的物質上，因此生命在空間和時間裏都是有限的，渺小而短促，有生便即有死。只有人類，開始把他的生命從其特定的個別的物質中，即從我之身體中，因於心的覺知，而放射出去，寄放在外面別人的心中，於是生命遂可以無限擴張，無限緜延，正因爲要求把我的生命放射出去，映照在別人的心裏而寄放着，因此遂有「個性」尊嚴與「人格」之可貴。人必努力發展個性，創造人格，始能在別人心裏有一鮮明而強烈的影像，始能把你自己寄放在別人心裏，而不致模糊朦朧以至於遺忘而失其存在。

若把這個觀念來衡量人生價值，則一切物質人生，依然是最低級的，尤其是飲食的人生。飲食只在其本身當下感覺到飽適或鮮美，決不能映照到別人心裏而生出一種鮮明而强烈的影像而存放着。此所謂飲水冷暖各自知，此乃無可共喻的。衣服與居處較爲高級了，在某一人的衣服與居處上，多少容易表見其人之個性與人格而映射到別人心裏，發生出某一些影像而暫時存放着，這便是你生命之擴張，由己心放射到他心。然而這是極淡漠極輕微的，重要的還在你的個性與人格上，不在你的衣服與居處上。若說你的個性與人格只能在衣服與居處上表現，豈不成爲一種可鄙的笑談嗎？

藝術人生之可貴便在此。你的個性與人格，完全投射在你所創作的藝術品上，而映照到別人心裏，別人欣賞到你的藝術作品，便發現到你的個性與人格。你的藝術創作，便是你的生命表現。藝術長存，即是生命長存。然而藝術人生已是生命之物質化，無論一幅字、一幅畫、一件雕刻、一支樂曲、一個宮殿建築、乃及一個園林設計，總之藝術必憑藉物質而存在。你把生命融入了所憑藉的物質，別人再從此物質來想像瞭解你的生命，這些多少是間接的，不親切、不單純。因此欣賞藝術時的心情，總是欣賞藝術品的本身勝過了欣賞創製藝術品的作者。這是藝術人生之缺憾。只有憑藉於外面物質更少的，始是表現出創造者之個性更多的。在這裏，只有音樂和東方人所特有的書法，則比較不同了。因其比較憑藉外面物質更少，而更接近於下面所要講的文學了。

文學在此上和藝術不同。藝術作品需要憑藉物質，而文學作品則由人類自身所創造的文字中表達，不再需要憑藉自然物質了。因此欣賞藝術的，一定不免於欣賞作品超過了欣賞作家。而欣賞文學的，往往可以欣賞作家超過了欣賞作品。我們就此點來評論文學，則戲劇和小說，似乎仍不是文學之上乘。何以故？因戲劇和小說，就創造言，還不免要把作家的心情曲折轉變寄放在別的人事上而投射到別人的心裏。就欣賞言，則還不免使人欣賞戲劇和小說作品之本身，勝過了此戲劇與小說的作者成此作品時的一切心情之真源。如是則依然是一種間接的交流。如西方之莎士比亞，其作者本身人格，可以形成種種之猜想，而仍無害於其作品戲劇之價值。此可證明作品可以脫離作者而獨立自在了。在文學中，只有抒情的詩歌和散文，纔始是把作家和作品緊密地融成一體，在作品上直接表見出作者之心情，以及其個性和人格，直接呈露了作者當時之真生命，而使欣賞者透過作品而直接欣賞之。最空靈的，始是最真切的。最直接的，始是最生動的。最無憑藉的，始是最有力量的。如是始可說是理想文學之上乘作品。中國人總是崇拜陶潛與杜甫，勝過了崇拜施耐菴與曹雪芹。因施耐菴與曹雪芹只將自己生命融化於他的作品中，而陶潛與杜甫，則是將自己的生命凝成了他的作品，而直接奔放。同樣理由，中國人崇拜書家，常常勝過了崇拜畫家。崇拜畫家，常常勝過了崇拜建築師。而崇拜文人畫，亦勝過了崇拜院體畫。

科學家的生命則寄放在純客觀的物理上，距離實際人生更遠了。我們若以藝術家的創造心情來看科學家，則科學家應該可以說是更藝術的，何以故?因其能純粹忘卻自我而没入外面的事象中，因而在外面事象中獲得了自我之存放。但此種自我，卻已是純粹事象化了，更没有自我之原相存在。因此說科學家是更藝術的藝術家。因此科學家在科學真理之發見上，是絕對没有所謂個性與人格之痕迹存在的。豈僅如此，在科學發見之後面，幾乎可以使人忘卻有人之存在了。因科學是超人生的，非完全遺忘人生，不能完成科學。因此我們只有在追憶科學家那一番探求真理之過程中，有時可以稍稍領略一些科學家們之日常生活與其內心精神。至於在科學家所發見的科學真理上，則絲毫不帶有科學家自身之蹤影。

繼之再說到宗教。西方人的宗教，實和他們的科學貌異神近。因非遺忘人生，即不能進入宗教。他們亦必是先忘卻了自己，而後始能祈求没入宗教的教理中。他們所信的宗教教理，幾乎也可說是一種純客觀而又同時是非人生的。他們先把握到上帝的心情，再始回頭來處世，在他們心坎深處，不該存有家庭，不該存有世間，他們只該以體認到的上帝的心情來處家庭，來處世間。在其追求宗教信仰之一段過程中，我們也可以領略到其日常生活與夫其內心精神之一斑，但在其所信仰之真理中，則同樣不能有信仰者自己的個性與人格之重要與地位，甚至不應該有人的地位存在呀！至少在理論上是須得如此的。

只有道德生活，乃始確然以各人之個性與人格爲主。藝術科學與宗教，其主要對象及其終極境界，大體說來，可以說是非人生的。只有道德對象，則徹頭徹尾在人生境界中。上文所謂別人活在我的心裏，我活在別人的心裏，這完全是一種道德境界。我們只有在道德境界中，可以直接體會到當事人之個性與人格。此種個性與人格，不僅保存於其生前，抑且保存於其死後。不僅在其生前，其個性與人格，可以隨時有擴大，抑且在其死後，其個性與人格，依然有繼續擴大之可能。世界偉大人格，無不於其死後保留，亦無不於其死後繼續擴大。若不能繼續擴大，亦即不能隨時保留。讓我們粗淺舉例，如孔子、釋迦與耶穌，其死後之人格，豈不依然保留，而且在繼續擴大嗎？七十子時代之孔子，到孟荀時代，兩漢時代，宋明時代，其人格既隨時保留，而又繼續擴大了。若使自今以後，孔子人格還能隨時保留，必然仍將繼續擴大。若使不能繼續擴大，便會逐漸消沉，而失其存在。釋迦耶穌是一宗教主，似乎與孔子不同，然其人格之所以亦隨時保留而繼續擴大者，則因其已由宗教人生而滲透到「道德」人生故。一切宗教人格之擴大，莫非由其道德人格之擴大。中國人崇拜「道德人格」，尤勝於崇拜宗教人格。崇拜「聖人」，尤勝於崇拜教主，其理由即在此。由於同一理由，中國人崇拜一文學家，亦必兼本於崇拜其道德人格，而後其作品始得被視爲最上乘。然而文學作家之人格，雖亦可以隨時保留，而終不能隨時擴大，此所以中國人之視文學家，終不如其視一聖賢人格之更見崇重，其理由亦在此了。

這裏我們又將提到東西人生態度之不同。東方人以道德人生爲首座，而西方人則以宗教人生爲首座。西方人的長處，在能「忘卻自我」而投入外面的事象中，作一種純客觀的追求。他們的藝術、文學、科學、宗教種種勝場莫不在此。中國人的主要精神，則在能親切「把捉自我」，而即以自我直接與外界事物相融凝。中國人的藝術與文學皆求即在其藝術與文學之作品中，而直接「表見自我」。中國人的宗教生活也如此，因此在佛教中有中國禪宗之產生。這在宗教圈中而依然看重了自我，於是乃有所謂「狂禪者」出現。而中國人的科學造詣，則不免要落後。若說中國人是「超乎象外，得其環中」，則西方人可說是「超其環中，得乎象外」了。西方人最高希望應說能「活在上帝心中」，而中國人可說是只望「活在別人心中」。上帝還是象外的，別人則仍是在環中。就哲學術語來說，東西雙方依然有向內向外之別。人生終不能不有所偏倚，這亦無可奈何呀！

（此文作於民國三十七年春，刊於四十八年十月人生雜誌十八卷十期。）

二三 歷史與神

就自然界演進的現象來說，好像應該是先有了人生，然後有歷史。但就人生演進的立場來講，應該是先有了歷史，然後始有個人的人生。極明白的，孔子不能產生在印度，釋迦不能產生在中國，雙方歷史不同，因而雙方的個人人生也不同。同樣理由，可以說並不是先有了哲學，乃始產出哲學史。實在是先有了哲學史，然後始出產哲學的。任何一個哲學家的哲學，莫非由哲學史而產生。你若不先明白他向上一段的哲學史，你將無法明白他的哲學之來源，乃至其哲學中之一切意義。

我常說，「靈魂」和「心」的觀念之分歧，實在是東西雙方一切關於宇宙論乃至人生論的種種分歧之起點。心由身而產生，不能脫離了身而獨立存在有一個心。靈魂則是肉體以外之另一東西，來投入肉體中，又可脫離肉體而去。西方哲學史大體可說是一部「靈魂學史」，至少是從靈魂學開始。東方哲學史大體是一部「心靈學史」，至少是從心理學開始。西方哲學，中古以上不再論。即如近代大哲如德國之黑格爾，他主張一絕對精神，我們也可說它還是靈魂之變相。法國人柏格森，他偏要說生命在物質中創造，但他不肯說由物質創造出生命。生命的特徵，既是創造，則生命即由創造開始，而演進，而完成。何以定要說另有一生命投入物質之中而始有創造的呢？這還不是一種靈魂思想之變形嗎？

柏格森有一次講演，講題是「靈魂與肉體」。他明說靈魂與肉體，他的意思就是說物質與精神。他認爲靈魂依附在肉體上，恰似衣服掛在釘子上。在近代西方又有人說，生命在物質中呈現，正猶如無線電收音機收到了在天空飄過的樂聲。那天空裏飄過的樂聲。和那釘子上的衣服，其實都是一種靈魂的變相，把當前表見的，硬認爲是原先存在的。東方思想的習慣並不如此。東方人說，「鬼者歸也，神者升也」。鬼只是已死的人在未死的人的心裏殘存下的一些記憶。那些記憶，日漸褪淡消失。譬如行人，愈走愈遠，音聞隔闊，而終於不知其所往。至於那些記憶，仍能在後人心裏活潑呈現，非但不褪淡，不消失，而且反加濃了，反更鮮明强烈地活躍了，那便不叫鬼而叫神。「鬼」是死後人格之暫時保存，這一種保存是不可久的，將會逐漸散失。「神」則是死後人格之繼續擴大，他將洋洋乎如在其上，如在其左右，永遠昭昭赫赫地在後人之心目中。如是則鬼神仍不過是現在人心目中的兩種現象，並非先在的確有的另外的一物。

人有些是死了便完的，這些都該叫做鬼。原先沒有此人，忽而此人生了，後來此人死了，重歸於無，所以說「鬼者歸也」。但有些人，他身雖死，他生前所作爲，仍在後代留下作用，譬如是他依然活着一般。有些在他死後，他的作用更較生前活躍有力，這些便成爲神了。神只是說他的人格之伸展與擴張。人死後如何他的人格還能伸展與擴張呢？正因他人雖死，而他生前的一切，依然保留在別人心裏。既在別人心裏，便不免要在別人心裏起變化，起作用。那些變化與作用，便是他之所以爲「神」，便是他人格在死後之不斷伸展與擴張之具體表現。也有些人雖死了，而他生前卻作了些壞事業，留下了壞影響，後代人雖心裏討厭他，要想取消他的所作所爲，然而一時不可能，則他的人格豈不也是依然存在，而且有的還一樣能伸展與擴張嗎？只是其伸展擴張只在惡的一方面，在不討人懽喜的一方面而已。那些則不能叫做神，只是一惡鬼。神可以繼續存在，繼續伸舒，一個惡鬼則終於要消滅。然則鬼神並不是外於「人心」而存在的。鬼神只存在於人之心裏，因人心而消滅，也因人心而創造。在後代人心裏逐漸消滅的爲鬼，在後代人心裏繼續新生的是神。所以中國人的宇宙觀是自然的、物質的，而中國人的歷史觀則是人文的、精神的。換言之，在自然的物質的宇宙裏沒有鬼與神，只在人文歷史的精神界裏有鬼與神。

歷史只是人的記憶。記憶並非先在的，記憶只是一些經驗之遺存。人的經驗都保留在記憶裏，但有些記憶有用，有些記憶沒用。有用的記憶時時會重上心頭，時時會不斷的再喚起。我喚起昨日之經驗而使他重上心頭來，那便是昨日之我之復活。若我一生的記憶，更沒有一件值得重再喚起的，那則今天想不起昨天，明天想不起今天，天天活着，無異於天天死去；刻刻活着，無異於刻刻死去，其人即無人格可言，亦無生命可言，他雖生如死，名爲人，而早已成爲鬼了。若其一生經驗，時時有值得重新喚起的價値，在今天要喚起昨天的我，在明天要喚起今天的我，那其人一生如一條純鋼，堅韌地交融成貫，再也切不斷，這該是一種最理想的人格。他雖一樣是個人，卻已確具有神性。他死了，他的一生重在後代別人心裏不斷喚起。後世人時時再記憶到他，那他便成其爲神了。

如是則神的經驗可以爲別人所再經驗，神的記憶可以爲別人所再記憶。然而歷史則決不再重演。人生刻刻翻新，所以任何一番記憶，多少必有些變化，任何一種經驗，當其再經驗時，也必然又成爲一新經驗，故說「所過者化，所存者神」。我們今天再記憶到孔子，再經驗到孔子當日所經驗，其實內容變了，決非真是孔子當日之所記憶與經驗之原相，然而不妨其爲是對於孔子之再記憶與再經驗，這即是孔子之「化」，也即是孔子之「神」。饑而食，渴而飲；日出而作，日入而息，人人如此，千古如此，此亦是一種再記憶與再經驗。然而無個性、無人格。這只是一種鬼相，只能循環繞圈子，回復原狀，重新再來，所以只成其爲鬼。這些則只是自然，只是物質生活。要在自然的物質生活中有創造、有新生，纔成爲「歷史」，纔具有「神性」。

誤解歷史的，昧卻歷史中之神性，妄認鬼相爲歷史，以爲凡屬過去者則盡是歷史。這譬猶普通人誤解人生，妄認爲凡屬過去者全是我。其實我是生生不已的，事已過去而不復生生不息的只是鬼，只是已死之我。已死之我早已不是我，只是物質之化。自然之運，只有在過去中保留着不過去的，依然現在，能有作用，而還將侵入未來的，那纔始是我，始成爲歷史，始是神。「歷史」和「我」和「神」，皆非先在，皆在待今日及今日以下之繼續「創造」與「新生」。

人要創造歷史，先須認識歷史。人要追求神，先須認識神。譬如人要建築房屋，先須認識房屋，人要縫製衣服，先須知道衣服。在未有房屋與衣服之前，已有房屋與衣服之前身。在未有歷史與神之前，也已有歷史與神之前身。今日之歷史與神，也即是明日的歷史與神之前身。所以有不斷的記憶，始有不斷的創造。有經驗，始有新生；沒有經驗，便再沒有新生。「靈魂」先經驗而存在，「神」則是後經驗而產生。經驗到有神，便易再產出神。孔子爲後代人再經驗，便是孔子之復活，也是孔子之新生。耶穌之再經驗，便是耶穌之復活與耶穌之新生。我們把歷史再經驗也便使歷史復活，使歷史再生。常墮在鬼的經驗中，不能有神的新生。

（此文作於民國三十七年春，刊於四十八年十月人生雜誌十八卷十一期。）

二四　實質與影像

我嘗把人生分別爲物質的與精神的。在精神人生中，又分別爲藝術的、科學的、文學的、宗教的與道德的。人生始終是一個進展，向外面某種對象闖進而發現、而獲得、而創新。人生既是一種向前闖進，則不能不附隨着一種强力。沒有强力，則外面種種盡成阻礙，你將無法闖，因此也無所獲，而生命之火便此熄滅了。但强力雖緊隨着生命之本身，到底强力並不即是生命。生命沒有强力，無法前進，也並不是說具備强力即已獲得了生命。生命之實在，在於其向前闖進之對象中。向藝術闖進，藝術便是生命之真實。向科學闖進，科學便是生命之真實。若只有闖進，便是撲空。沒有對象，便沒有生命之真實性。照理闖進本身，便該是有對象的。人生最先闖進之途，只在求生命之延續。其次闖進愈深，纔始有求美、求真與求善的種種對象。每一闖進必附隨以强力。人生誤入歧途，遂認强力爲生命，而以撲空爲獲得。譬如你行動，必須附帶一種强力，但行動決非只是强力。譬如你說話，也須附帶一種强力，但說話決非只是强力。沒有强力，不能行動，不能說話，但强力並非即是行動與說話之實質。沒有强力，便沒有生命，但强力也決非即是生命之實質。生命如身，强力如影，影不離身，但身不是影。離身覓影，反而要失卻影之存在。

人類在文化淺演時，在其向物質生活中謀求生存時，即已顧見了他生命的影子。在其逐步向前闖進，逐步獲得滿足時，即已逐步發見了自己生命之强力，而覺到一種生命之喜悅。但生命之喜悅，並非即是生命之滿足。滿足是實質，喜悅是影像。獲得滿足，同時即獲得喜悅。但尋求喜悅，卻不一定尋求得到滿足。不幸而人類誤認影像爲實質，於是有一種追求强力的人生。

追求强力的人生，放寬一步說，也早已進入了一種精神生活的範圍。强力本身亦帶有一種美的感覺。人類當文化淺演時，上高山、入深林，與毒蟲猛獸相搏鬥。至於如大圍獵，熾盛的火炬，廣大的圍合，死生的奔馳，生命强烈的火焰，燃燒到白熱化，何嘗是專爲着求生存！這裏有一種美的迷醉，有一種力的喜悅。生命之强力感從人對物的場合，轉移到人對人的場合。尤其如男女雙方愛情的爭取，男的對女的追逐、掠奪、霸佔，男的一方的强力，映射到女的一方的心裏，怯弱、抖顫、屈服，再由女的一方的心裏映射到男的一方，同樣是一種美的迷醉，又夾雜着情的動盪，而更要的還是力的喜悅。若遇到兩雄爭一雌，更激昂，更緊張，甚至殘忍殺害，無所不用其極。這裏不僅是性之要求與滿足，還夾帶有美有情，更主要的，卻是一種力的表現與喜悅。再進至於兩民族兩國家的大鬥爭、大屠殺，列陣相對，千千萬萬人以生命相搏，這裏有忠心、有勇氣、有機智，更重要的，還是强力。千千萬萬人的忠心勇氣機智與强力，凝合成了一位兩位英雄，映射到當時乃至後世千千萬萬人心裏，鼓舞崇拜，說不盡的嚮往，這裏自然也有美的迷醉、情的動盪，然而更重要的還是力的喜悅。

英雄與美人，常爲人類傳奇中的角色。英雄是强力的陽面，美人成了强力的陰面。英雄的强力，最好在美人心上感受而反射出來，更見有異樣的光彩。這裏透露出强力自身並非真生命，一定要滲和着美的迷醉與情的動盪而活躍。其次遂有金錢的崇拜，權勢的攘奪，一切所謂的世俗人生，這裏更沒有生命之內容與實質，只有生命的架子與影像，他們只想在强力上誇耀。

智慧是最冷靜的，然而也常易誤入歧途，於是有所謂「知識即權力」之想像。人類渴求真理的那一段真生命，也染上了力的喜悅之陰影。科學發明爲金錢崇拜、權力崇拜者所利用，資本主義與帝國主義瀰漫一世，凌駕全人類，這些也全只是生命的架子與影像，並無生命之實質與內容。物質生活是平淺而無深度的，而資本主義與帝國主義則已超過物質界而投進了精神界。然而此所謂精神界者，亦僅是一種强力之喜悅而已。僅是强力喜悅，仍然無對象、無內容。而人類之內心要求則是要尋求對象、尋求內容。若必求對象、求內容，則資本主義只能建築在拜金主義者底心裏，帝國主義只能建築在夸權慕勢者底心裏。這不僅是在流沙上築寶塔，實在是在大雪裏燃炭火。財富與權勢，到底是一種無內容的空架子，是一個無本身的假影像，終難發展出真人生。自然尚不如美人眼裏的英雄，有美有情，還有好些人生滋味。

强力人生，有一種最誘人的魅力，便是他使人發生一種無限向前之感。惟其是僅向前，而無對象與內容，因此易感其無限。無限本身便是一種美，然而終不免帶有一種茫茫之感。要對天地大自然發生一種命運之悲傷，空蕩蕩，莽悠悠，還是要找歸宿。蒙古人在大草原大沙漠枯寒荒涼的地帶裏，迫着經濟上之內不足，一度鞭策起他們的無限向前，擴張、征服，茫然地前進，然而終於找到他們的宗教信仰而獲得歸宿了。中古時期的歐洲北方蠻族，在高寒的冷空氣裏，在沿海岸的渺茫的前程中，也因爲生事艱窘的內部不足，同樣鞭策起他們的無限向前。羅馬帝國覆滅，基督教傳播開來，也終於使他們一時得到了歸宿。然而因於種種複雜的環境，文藝復興乃至近代科學發現，又鞭策起他們再度走上無限向前之路。擴張、征服，接續着好幾個世紀的强力人生之表現。科學與宗教，本該是有對象有內容的。現在已經形式化、純淨化了，只有無限向前一意向，領導着他們。婢作夫人，美乎？真乎？善乎？上帝乎？人生乎？强力乎？征服乎？財富乎？權勢乎？若使近代西方人能回頭一猛省，除卻物質人生之淺薄享受以外，所謂强力人生之對象與內容，究竟何在？茫然之感，天地大自然的終極命運，恐怕終有一日要重侵入他們的內心。

中國民族在大平原江河灌溉的農耕生活中長成。他們因生事的自給自足，漸次減輕了强力需要之刺激，他們終至只認識了靜的美，而忽略了動的美。只認識了圓滿具足的美，而忽略了無限向前的美。他們只知道柔美，不認識壯美。超經驗的科學與宗教，鼓不起他們的興趣與勇氣，而終於捨棄了，迷戀在文學人生的路上，而很早便進入到道德的人生。鄙視財富，排斥强力，文化理想自成一型。英雄與美人的傳奇式的憧憬，也轉而使美人的柔情如水勝過了英雄的壯心如火。梁山泊裏的好漢，走不進大觀園。伴隨着林黛玉而向往追求的是一個賈寶玉，唱霸王別姬的主角成爲是虞姬而不復是項王了。如此般的人生，如何阻擋得住蒙古人的鐵騎蹂躪，如何抵塞得在今天乘長風破萬里浪的無限向前的西方人的强力文化之狂潮。如是般一對比，相形之下，近代西方人的物質生活，轉見其爲是一種精神的；而中國人的精神生活，則轉見其爲是一種物質的。近代西方純形式的文化，轉見其爲內容充實；而中國人的文學人生與道德人生，轉見其爲空洞無物，無對象、無內容。

强力的人生乎？强力的人生乎？如何安排你一個恰當的地位！如何找尋你一條恰當的出路！

（此文作於民國三十七年春，刊於四十八年十一月人生雜誌十八卷十二期。）

二五　性與命

儒家思想超脫了宗教的信仰，同時也完成了宗教的功用。宗教從外面看，有他的制度、組織及儀式等，儒家把理想中的「禮樂」來代替。宗教從內面看，同時是宗教精神更重要之一面，爲信仰者之內心情緒，及各人心上宗教的真實經驗，在儒家思想裏關於「性與命」的意義，與之極相接近。

各種宗教的內心經驗，最重要的，必有一個外在的神聖境界或神聖威力之存在。人能超越了小我有限的較低級的自心，而信仰一外在的無限的高級的神聖心，而與之相接觸、相感通、相融合，這是各種宗教所共同祈求的一種境界，共同皈依的一種威力。就宗教論宗教，則宗教應該超越乎道德之上。道德只是人世間之事，人世間一切道德，至多只能把我們有限的自我沉沒於其他一個或多個有限的自我之內，並不能使自我與無限合一。無論是忠、是孝、是愛，是一切其他犧牲，凡是道德對象，總之是屬人間的，依然是偏而不全，是有限，免不了要消逝而不能長久地存在。因之一切人間道德總是偏的、相對的、有限的。只有神與聖完全而無限，永生而不滅。人只有與這神聖的無限生命相接觸，纔使人自己參加無限而得永生，但儒家理論並不如此。

儒家並不在人類自心之外去另找一個神，儒家只認人類自心本身內部自有它的一種無限性，那即是儒家之所謂性。人心是個別的，因而也是各偏的，不完全而有生滅的，相對而有限的。但人心亦有其共通的部分。這些共通部分，既不是個別的，又不是各偏的，而是完全惟一的，無起滅而絕對永存的。儒家之所謂「性」，即指此言。因此儒家在自心之內求「性的至善」，正猶如一切宗教家在自心之外求「神的至善」一般。性屬人，人性仍是有限。善亦屬於人，則善亦有限。但專就人本位言，則人性至善，已然是一種無限了。宋儒轉換言理，「理」則普遍於宇宙、萬物與人類，更屬無限了。「理之至善」正猶神之至善，故朱子說「天即理也」，這見即是上帝亦不能在理之外。又說「性即理也」，則此至善無限，卻落到人的有限身上了。「無限」必是先人而在，因此人之稟賦此性，必是原先有了的。因此性之至善，與生俱足，更無餘欠了。但雖堯舜，猶有餘憾，因無限的可能，只在有限中發展，亦只在有限中完成。而有限則終與無限有別。西方宗教家只希望神降入我心來，這是無限超越在有限之外。中國儒家則主張「盡心知性」、「明心見性」，而發見我性內具之善。「性與善」既屬「無限」，則無限即在有限之內。因此儒家論道德觀，主張「自盡我心」，「自踐我性」，其本身即已是一種無限與至善了。

宗教家惟其認有一神，超越於自己小我有限之上，則此有限內心如何與此至高無限之神相交接，其普通必有之手續即爲祈禱。祈禱遂成爲宗教之精髓與宗教之神魂。祈禱是宗教上之必有手續，與必有實踐。儒家既認性之至善即在我心，故儒家教義不須有祈禱。但此至善之性，究竟也是我心內較高較深的部分，雖在我心之內，而貫通於心與心之間，則又若超越於我心之外，因此我心有限，而我心之性則無限。一個超越我外而無限的性，較之只為我有而有限的心，自然也不免有一種降臨與高壓之感。此一種感覺，在儒家則謂之「命」。儒家最要工夫一面在「知性」，一面則在「知命」。性與命雖是一個東西，而不妨有兩種感覺。一是感其在我之內，為我所有；一是感其在我之外，不盡為我所有。既是在我之外而不盡為我所有，則對我自有一種强制或高壓，規範或領導之力。

若就人心全體言，乃是有了心，始見有性。若就一個個的心而言，則性早在心之前而又在心之後。未有我心，便有性；我心既滅，性尚在。換言之，心個別而有限；性共通而無限。心有生滅；性則無生滅。而此無生滅的即生長在有生滅的之內，但同時又包宏恢張於有生滅的之外，而為之規範為之領導。性就其在我之內而為我有者言；命則指其不盡在我之內又不盡為我有者言。如何將我此個別之心，完全交付於此共通之心，而受其規範，聽其領導，這須有一種委心的狀態。宗教上的委心是「皈依」，儒家的委心便是「安命」。安命始可踐性，委心安命便要你有所捨卻。捨卻了此一部分，獲得了那一部分，這種以捨棄為獲得的心理狀態，正猶如宗教家之祈禱。祈禱心態之最重要者，首為完全捨棄。捨棄你之一切而聽命於神，信賴神，祈求神。儒家之知命安命，亦同樣有此境界，平息自心一切活動，只聽命的支配。命是在我外面的。命又有消極與積極之分。積極的命是一種領導，消極的命是一種規範，一種抑制。人心必得有此兩種作用，一面規範抑制着你，不許你如此，不許你如彼；一面領導着你，該如此，該如彼。

宋儒說「性即理」，此一「理」字亦便是命。宋儒常說「天理」，正猶先秦儒之言「天命」。惟理雖在外，亦在內，因我既在理之內，理亦宜爲我所有。故陸王又要說「心即理」，理就主宰一切。故陸王又要說「良知」即是你的主宰，此即是說主宰亦在我之內，而不在我之外。儒家理論之最要處，正在認得此不爲我有者其實即爲我所有。而此種境界卻不以祈禱得之。此爲儒家與宗教不同之又一關鍵。

莊子書中，有一番推翻上帝和神之存在之觀念的最透闢的理論。但莊子書中，同樣有一番委心任運知命安命的最深妙的理趣。你能體會到莊子的這一面，你自然能心態安和，精神平靜，一切放下，輕鬆恬美，而到達一種大自在、大無畏的境界。也正猶宗教精神在祈禱時之所到達。惟莊子書中所言之「命」，則只是消極的叫你捨棄，而非積極的叫你奮發，這是莊子「知命而不知性」之過。魏、晉時代的清談學家們，都重視莊子，但他們卻不言安命而言「任性」。郭象注莊便是其一例。如此則只知任性，不知安命，在消極方面既沒有了抑制，在積極方面又沒有了領導。性是一個必然的，而清談家之任性，則一任自然而不認有必然，此是清談家「知性而不知命」之過。只有儒家可說是「性命雙修」。

儒家思想有與一切宗教最不同之一點，一切宗教全像是個人主義的，而儒家則最不喜爲個人自己着想。一切宗教莫不有一個超越於個人以上之神，一切個人莫不向此神祈求，所祈求的對象雖是共通的，而此祈求之主則是個人的。因此祈求所得之恩賜也屬於個人。儒家思想中超越於個人以上者是命，命在領導着各個人，同時規範着各個人，因此命是個別的，而知命安命便是「率性」，性卻是共通的、大羣的。因此所領導所規範者是「個人」，而領導之規範之之主者，則一切從大衆出發，也一切歸宿到「大衆」。

中庸說：「天命之謂性，率性之謂道。」只輕輕安上一「天」字，並非認真看重有一上帝存在，重要則在「命」字與「性」字上，命與性都已在人的身分之內了。孟子說：「盡心知性，盡性知天。」此處也可說「盡性知命」，天只是命之代名詞，也並非認真看重有一上帝存在，故又曰：「莫之爲而爲者，天也。」故盡性知天，仍只重在人的身分上。「道」字由性命而來，則顯是「大羣」的，決非小我的。孔子又說：「人能弘道，非道弘人。」此亦並不定謂必然先有了道纔有人。總之立言的分量，依然重在人。西方宗教家必信仰有一上帝和神在人之前，又必然把人的地位低壓於上帝和神之下，此等信仰和理論，在中國儒家思想裏，似乎已沖淡了。但宗教家一切鼓舞人向上的情緒，激勵人擴大內心的功用，儒家則並未忽視，而且能完全把握到，此是儒家高明處。亦是儒家與一切宗教精神之相通處。

（此文作於民國三十七年春，刊於四十八年十一月人生雜誌十九卷一期。）

二六　緊張與鬆弛

「無意識」的心理狀態，是稱為近代西方心理學界一大發現。人心不完全在當前的意識中浮現，還有好些隱藏在當前的意識之外的，好像有一條界線存在。浮現在此界線之上的，成為意識；沉澱在此界線之下的，當時並不意識到。此一界線，心理學家稱之為「意識閾」。閾下意識又稱潛意識，又稱無意識。但此只是一個約略譬況之辭，也可說當下意識成一圈，排擠在圈外的，一時意識不到，也可稱為外意識，或邊意識。此種閾上與閾下，圈內與圈外，也並非有一截然鮮明的區劃，只是逐漸模糊，逐漸黯澹，乃至於完全不知，也並非永遠如此區分着。實際上則常在變動，有時閾下的升起，閾上的降落；圈外的擠進，圈內的逸出，因此心態時時刻刻在變。總之當前意識到的決非人心之全部。論到此閾下閾上或圈外圈內、意識與潛意識之分量及界域，亦各人不同，各時不同。有些人在有些時，可以說閾上的意識只占極少一部分。有人有時則閾下意識少，閾上意識多了。或說此意識圈放大，圈外少了，圈內多了。有人有時反此。有人有時閾上閾下圈內圈外的變動疏鬆而靈活，有人有時則變動甚難。所謂變動難者，即是閾下的升不到閾上來，圈外的擠不進圈裏來，如是則成了心態之硬化。有人有時閾上閾下或圈內圈外雖有隱顯之別，而並不感有衝突。有人有時則潛意識與顯意識衝突了，甚至於破裂成兩個人格。譬如一個政府，由社會下層革命，或四邊外族入侵，割據反叛，形成無政府狀態，或兩個政府對立。這些花樣，近代西方心理學家研討得極有興趣，大致已成爲一般常識了。

其實意識只是人心隨時一個集中點。人心必向某一對象而動進，此種動進，心理學上亦稱「注意」。注意所在便成「意識」。一切意識，都湊聚在此注意點之中心與四圍，漸遠則漸模糊而成無意識或不意識。因此閾上閾下與圈內圈外之分，其實只是對當前一個注意點的親近與遠隔之別。注意點轉移，則全個心態亦隨而轉移，親近與疏隔的部位換了，便說圈外的擠進圈內，閾上的降入閾下。若使此心對一切全不注意，不向任何一對象而有所動進，那時則此心便如模糊一片，圈內圈外閾上閾下的界限泯失了。人在睡眠狀態中，便成此象。心的集中，你須用一些力量來控制。那些控制力薄了，心便散漫，全不控制，心便集中不起。當你想睡眠時，你必試使你對心的控制解放，讓心散了，對外全不注意，便易入睡。當你睡後初醒，你必試使你對心的控制加强，你只一加控制，你心便興奮集中起來，便成覺醒狀態。如是則那條所謂意識圈或意識閾，本由人心集中時所引起。你把你所要意識的集中起來，把不須意識的排擯在外，扼抑在下，便成意識與不意識之兩半。你控制集中的力量强或弱，便成心態之緊張與弛散。緊張心態下意識容易鮮明，但亦容易分成兩半。弛散心態下，意識不容易鮮明，但此心卻容易溶成一片。

莊子曰：「其嗜慾深者其天機淺」。人心集中注意，其原始必有所要求，此即莊子之所謂「嗜慾」。因你有所要求而把自心集中起來，合你要求的，讓進意識圈，鮮明活躍；不合你要求的，排除在意識圈外，模糊黯澹。你把你的心如是般一組織，有好處也有壞處。譬如人羣組織一政府，自然有它的需要。但在政府內的，當權用事；在政府外的，便閒散没用，而且壓抑不自由。列子裏有一段寓言，說一人入市，見金即攫，爲人所捕，問何膽大，答云，「那時見金不見人」。這是他注意太集中了，情緒太緊張了，想攫金的嗜慾深，因此雖有旁人，全不顧及，心不在焉，視而不見，把眼的天機窒塞了，這正是莊子話的一個好證。從歷史講，死去的人的力量，實在遠比活的人的力量大。把人的一日講，夜裏睡眠時的力量比日間醒覺時的力量大，一切聰明氣力，都在夜裏養息，再在日間使用。從當前一刻間的心態講，意識圈外的邊遠意識，比意識圈裏的中心意識並不是更無用。莊子之所謂「天機」，正要讓此種邊遠意識活潑參加到中心來活動。你若排除太甚，壓抑太過，不僅使你天機淺塞，而且要生出反動，引起紛擾。正如一個政府，太求堅固了，太愛集權了，使他與下層社會太隔離了，不僅要減輕這政府的智能，而且要引起革命，使此政府不免於顛覆。心理學上所謂人格破裂，神經錯亂，乃至一切瘋狂狀態，莫非此心太緊張太壓抑所致。較輕的症候，便是夜裏做夢，日間那些被驅逐在意識圈外的邊遠意識，一到夜裏，你的控制力鬆了，他們便偷進意識圈肆意活動。那時雖非人格破裂，雖未走入瘋狂境界，但總是你心裏的紛擾與反動。莊子說：「至人無夢」。這一境界，便是告訴你心象安恬，精神平帖，全人格協調一致，你心裏没有反復不安的分子潛伏着，那種心態一到日間，自然神志清明，天機活潑，可以泛應曲當。易經上說：「通晝夜之道而知」。便是此種境界。你若太凝視一個字，凝視得太集中、太緊張，反而對這一字形惶惑認不清。你若使勁要找地下一個針，用盡你的眼力，那針反而找不到。你能放鬆些、散淡些，讓你的視力天機用事，那針忽而會自已投進你的視線，無意中覷見了，全不費力。這是你易懂的鐵證。

讓我們把人心約略分成「緊張」與「鬆弛」的兩型。緊張的人，譬如一個手電筒，你把光點擰得緊湊，光力是强了，光圈亦縮了。鬆弛型的，譬如手電筒的光點，反擰過來，把光圈放大，但光力則微了。慣於緊張集中的人，他常把心力用在一點上，四外的全排除，因此易深入，也易偏至。慣於弛鬆散淡的人，他並不把心老集中在一點上用，因此他所見較寬較全，但不深刻，不細緻。在理智上講，前一型的人，宜於在自然科學上探求。後一型的人，宜於在人文科學上體會。從情感上講，前一型的人是强烈的，富於侵入性。後一型的人，是平淡的，富於感受性。西方民族比較前一型的多些，中國人則比較後一型的多些。這種區別，還是由於自然環境及其生產事業而來。沙漠遊牧人與海洋商業人，因其生活迫蹙，事事有所爲而爲，容易造成心理上的緊張習性。平原農耕社會，生事寬閒，無所爲而爲的時候多些，容易造成心理上的鬆弛習性。

西方自然科學是緊張心緒下的產物。他們愛把一切不相干的東西盡量剔除，專從一點上直線深入，因此便有一切科學知識之發現。宗教也是緊張心緒下的產物。一切西方宗教經驗下之種種見神見鬼，在心緒鬆弛的人看來，都像是神經過敏。若把心理分析術來說明，其實便是他的邊外意識侵入中心而引起。凡屬熾熱的宗教心理，必帶一種最强烈的「天人交戰」之感，在其內心深處，必起一番大革命。因其平常心理組織太堅强而硬化了，一旦失卻平衡，閾下意識圈外意識衝進心坎，把原來的中心組織徹底推翻，徹底改造，人格上發生大震動，舊人格崩潰，新人格赤地建新，這是宗教經驗裏的最高境界，使人如瘋如狂地走入一新天地。在宗教裏算是神感，是天賜，是上帝降靈。

其他如戀愛心理、戰爭心理，也都是緊張型的產物，都要火熱地不顧一切地向某一點衝進。全部人格集中在這一點上，若把閾上閾下來形容，他的心理狀態，應像一金字塔，閾上的凝結成一尖頂，便是他戀愛的對象，鬥爭的對象；其他一切，全壓制在塔底下，壓抑得透不過氣來。這種心態根本不安和、不寧定。在愛神腳下，在戰神旗下的，易於瘋狂，也易於回過頭來皈依上帝，信仰神力。其實「上帝」和「神力」，正是他邊外意識侵入中心之一番大革命。莊子書裏常頌讚一種「虛靜」的境界，後來禪宗說的「常惺惺」，宋儒如周濂溪所謂「靜虛動直」，程朱所謂「居敬」。常用這些工夫的人，染不上愛魔，走不上火線，不能戀愛，不能戰鬥。所謂「虛靜」，並不要他心上空無所有，只是鬆弛，不緊張，無組織，平舖地覺醒，把全個心態敞開，開着門，開着窗，讓他八面玲瓏，時時通風，處處透氣，外面的一切隨時隨地可以感受，內面的一切隨時隨地可以鬆動，全局機靈沒有壓抑，沒有向往，這時是常惺惺，是敬，也是活潑天機。如是的人，全個心態融和。譬如一杯清水，没有一些渣滓，不在自己心裏築圍牆，不讓有閾下或圈外過久有壓抑排擯的心能。如是的人，也不能信宗教。所謂不能信宗教，只是不會有那些見神見鬼的宗教上的活經驗，他將感不到那種天人交戰的大決鬥。那種天人交戰的大決鬥，東方人反而看不起，認爲是人格上之不健全與不穩定。如是的態度，用在理智上，也不會閉塞各部門各方面，只向一點直前鑽，因而不能發明近代西方自然科學上的種種新知識。

前一種緊張心型，應用在宗教上，是上帝與魔鬼之對立。應用在哲學上，是精神與物質的二元論。應用在政治社會的組織上，是階級與法治。應用在人生上，是强力奪鬥與前進。應用在理智上，是多角形的深入與專精。後一種鬆弛心型，應用在宗教上，是天人合一。應用在哲學上，是萬物一體的一元論。應用在政治社會的組織上，是大同與太平的和平理想。應用在人生上，是悠閒恬淡與寧靜。應用在理智上，是物來順應，斟情酌理，不落偏見。東西雙方一切文化形態，全可從此一分別上去悟會。

（此文作於民國三十七年春，刊於四十八年十二月人生雜誌十九卷二期）。

二七　推概與綜括

智識必附隨於對象而起，對象變，則求知的心習與方法亦當隨而變。知識對象，大體可分爲「自然」與「人文」兩大類。或分爲「物質」與「生命」兩大類。生物學在第一分類應歸入自然，與人文不同。在第二分類，則與人文同列，而與物質不同。若把一切智識作一簡單之序列，從自然到人文，最先應爲數學與幾何，即最抽象的象數之學。其次爲物理與化學，再次爲天文與地質，這些全是無生命的物質。其次爲生物，再其次爲人文學。人文學中再可細分各部門，自成一序列。

「象數」之學有一特徵，即爲最「抽象」最不具體的，因此也爲最可「推演」的。二加二爲四，一個三角形之三個角，等於兩直角。這些不煩一一證驗，一處如此，到處皆然；一時如此，時時皆然。若使火星上有人類，他們也發明數學與幾何，勢必仍是如此。因此易於使人想像其爲先經驗而存在的，此亦謂之「先天」，乃是謂其不煩人類之一一再經驗。這些智識最可「推概」，推一可以概萬。人類習熟於此等智識，便喜運用演繹。但這些只限於象數之學的範圍，物理學化學便不盡然。物理與化學也建築在抽象的形式上，也可用象與數的公式來推演。但已有了實質，已有了內容，已逐漸的具體化了。天文與地質，則更具體，更有內容，推概的範圍便須更縮小。如以氣象言，你根據大西洋東岸的氣象，並不能推測到大西洋之西岸，你根據北極圈附近的氣象，並不能推測到赤道附近。你發掘這一處的地層，並不能推測到另一處。你須將種種天文地質的具體事象歸納分類，再從這些分類中籀出一般綜括的智識，然後再根據這些智識來推概你所不知的。其實象數之學原始形態也如此，你先把兩個加兩個，知道它等於四個，然後再把另一種兩個加兩個來驗證其是否成四個。不過象數之學絕無例外，因此一推不煩再推，此項智識可以無限伸展，伸展到你經驗之外，而絕對地可信。你把槓桿起重，把水分爲氫二氧一，這些也如此，一驗不須再驗。此等智識，因其不煩多經驗，因其不再爲新經驗所搖動，因而覺得其可靠，覺得其有客觀之存在，覺得像是絕對地成立而無所依賴，覺得像是一種自明之真理。今天太陽從東方出，明天太陽從東方出，但你絕不能說千萬世以後永遠有太陽從東方出。天地變了，太陽可以不再從東方出。但若另一天地中亦有數學，你仍可想像他們那個世界的數學，仍是二加二等於四。原來象數之學，本是一種「靜定」的學問。何以能靜定，因你把一切具體的抽象化了，製成一形式，並無內容存在，自然可以靜定。你若把具體內容加進，便立刻會發生變動。一滴水加進兩滴水，那裏是三滴？兩根正在燃燒着的火柴，再加上兩根，一並燃燒，一忽兒一根也不見，那裏是四根？樹上三隻鳥，一槍打死了一隻，那裏能還留兩隻呢？有些物理學和天文學，也不過應用那些象數學的法門，把具體的抽象化，將內容擺除開，變成純形式的，好據此推概，而也適當我們所需要之應用，遂成其爲今日舉世震驚的自然科學。其實近代自然科學已有不少運用了綜括的智識，歸納法的重視，近代自然科學也不能自外。但到底抽象重於具體，重量過於重質，推概重於綜括，演繹重於歸納，人類是想慕那些超經驗的客觀的自明真理，而象數之學還是今日一切自然科學之主要骨幹。

再說到「生物學」，這已在自然物質中間添進了「生命」。生命與無生命的區別，直到如今，沒有人說得清。至少生命是有「經驗」的，物質則只有變動，不好說有經驗。東風吹到西風，上水流到下水，只是變動，也還只是一種形式，不能說風與水在變動中有它自身內部的經驗。生物如最低級的原形蟲阿米巴，稍高級的如一叢蘚苔、一根草，你不能說它絕沒有一種覺知，你便不能說它絕沒有一種經驗。生命愈演進，生命的內部經驗愈鮮明，愈複雜，愈微妙，於是遂從物質界裏發展出精神界。物質界一切變化是純形式的，生命界的一切變化，則在形式裏面賦以內容，即是變化中附隨有經驗。經驗之累積，便成其爲「精神界」。試問對於這一界的智識，如何可以仍用純形式的，無內容的，超經驗的象數之學一類的靜定的格套來駕馭，來推概。我們對於生物學的智識，只有把一切生物的一切現象，只要能知道的，全部羅列，做成各種分類，排成各種序列，來解釋，來想像，來透進其內部而從事於再經驗。這只是一種「綜括性」的蓋然的智識，決不能造成推概性的必然的理論。

生命中有人類，人類生活演進而有歷史與文化。所謂人文學的一切智識，更須綜括，更只能獲得一種大體勢的蓋然性的想像和解釋。而且人文學也不比生物學，每一類別中，復有極大的個性差異，有顯著的標準性與領導性的優級個性之存在。譬如你研究政治，在政治經驗裏，便有不少具有標準性領導性的優異人物。譬如你研究宗教，在宗教經驗裏也有不少具有標準性領導性的優異人物。在每一類別中，又有不少的類別。你如何再能留戀在那些無內容無經驗，而純形式的空洞的，像象數之學一類抽象的硬性推概的必然定理，來想把握到人事之萬變的蓋然的活動智識呢？

西方人對抽象的象數之學，很早就發生興趣。柏拉圖的學園，大書「不通幾何學者勿入吾門」。後來中世紀的神學，近代自然科學都不論。即如他們的哲學，也幾乎全站在某一點上向前作直線的推論，邏輯的必然性的超經驗的演繹，無限向前。宇宙論形而上學占了絕大篇幅，留着很少的地位落到人生論，以爲如此般地便可以籠罩人生。直要到黑格爾的歷史哲學，始算是正式在人文學上用心思。然而他是用哲學來講歷史，仍不是用歷史來創哲學。他的有名的「辨證法」，依然是一套象數學的抽象精神在裏面作骨子。馬克思的「唯物史觀」，開始從人文學直接引出行動，而有俄國式的無產階級革命。這是一套運用科學精神的革命。如實言之，是運用一套自然科學精神來在人文社會中革命。先從某一點上直線推演出一套理論，再從這一套理論上用革命手段來求其實現。凡與這一條直線的理論不相適合的一切排除。自然科學家所謂的大膽假設，小小求證，全用上了。無產階級革命的理論，便是一番大膽的假設。革命過程中嚴格的規定路線，統一理論，清算反動思想，統制革命步調，便是自然科學家在實驗室裏小心求證的一套工夫。無奈是把自然科學侵入了人文界。自然科學實驗室裏的一套實驗，不妨有失敗，失敗了可以再實驗。若把這一套精神運用到人文界，則人類文化前途，受福的分數到底敵不住受禍的分數更多些。

中國人一向在自然科學方面比較像是落後了，但其心習與其求知的方法，似乎與人文科學較爲接近，較爲合適。他們尊重經驗，愛把一點一點的經驗綜括起來，不肯專從某一點經驗上甚至某一個概念上來建立系統，更不敢用一條直線式的演繹來作出邏輯的必然定論。只在每一點經驗上有限地放大，做成一小圓形的蓋然的推說。點與點之間，常留鬆動與推移之餘地。不輕易想把那些一點一點的經驗在某一理論下嚴密地組織。理論決不遠離了經驗向前跑。不輕易使理論組織化與系統化。他們的理論只是默識心通，不是言辨的往前直推。他們愛用活的看法，深入一物之內裏，來作一番同情的再經驗。他們常看重優異的個別性，看重其領導性與標準性，因此不愛作形式上的類別，重質而不重量。常愛作一渾整的全體看，不愛分割，不尚偏鋒。物質雖屬自然，卻易用人力來改造。精神雖屬人文，卻須從自然中培養。西方人偏重自然，因此常愛用理想來創建人文；東方人看重人文，因此常愛用同情來護惜自然。心習不同，求知的方法亦不同，因此雙方的文化成績也不同。近代在西方人領導下，人文知識落後，已與自然科學的前進知識脫節。如何融會貫通，我們東方人也該盡一些責任了吧！

（此文作於民國三十七年春，刊於四十九元旦人生雜誌十九卷四期。）

二八　直覺與理智

思想可以分成兩種，一種是「運用語言文字」而思想的，我已在物質與精神，經驗與思維的兩篇中約略說過。另有一種「不憑藉語言文字」而思想的，這一種思想，最好先用不能運用語言文字的動物來說明。其實此種思想，用語言說來，便是不思想。

最顯見的，如蜘蛛結網。它吐出一條長絲，由屋簷的這一邊盪漾而掛到屋簷之那一邊，然後再由那一邊回盪到這一邊掛上，如是幾番盪漾，把那條絲在兩簷間搭成一大間架，然後再在那個大間架裏面，往來穿織，織成了一張很精很密的網。然後蜘蛛躲開了，靜待一些飛蟲們黏着在那網上，好充牠的食料。這一段的經過，在蜘蛛說來，實在是一番絕大經綸，但他似乎並未經過有思想。但若試由你我來替作，也由屋簷之這一邊，到屋簷之那一邊，也像蜘蛛般，用一條細絲來憑空結成一網，那你我勢非運用一番思想不可了。在蜘蛛何以不用思想而能，近代心理學家則稱之曰「本能」。

又如蜾蠃蟲捕捉螟蛉，把來藏在陰處，再從自己尾梢射出一種毒汁，把那螟蛉麻醉了。然後在那麻醉的螟蛉身上放射子卵。待那些子卵漸漸孵化成幼蟲，那時螟蛉尚在麻醉中，尚未腐爛，然後那蜾蠃的幼蟲，可以把螟蛉當食糧。待到螟蛉吃完了，幼蟲也長成了蜾蠃，可以自己飛行覓食了。這又是一番大計畫，大經綸，但那蜾蠃也像沒有如此思想過，只是平白地徑直懂得做這件事。心理學家也稱此爲本能。

其他動物界如此般的例，舉不勝舉。我們是否可把人類的行爲移用來說明這些，認爲它們實在也有了思想呢？但這種思想，顯然和人類之思想不同，最多我們也只可說他們是一種默思，或說是深思。何以稱之曰默思？以其不用語言，不出聲，乃至不用不出聲的語言，那種思，便是默思了。至於我們人類用不出聲的語言在心裏默思，那尚不是真默。因其只默在口，而非默在心。因上舉的蜘蛛蜾蠃，則是默在心，因此我們人類便稱他沒有思。但他究與人之有思同其功用了。因此我試稱之曰真真的默思。何以又稱之曰深思呢？因人類運用思想，多要憑藉語言文字。憑藉語言文字的思想，只是把思想平鋪開。即如上舉蜘蛛蜾蠃兩例，它們那番默思的經過，若用我們人類語言文字如上述般記錄表達，便是平鋪開了。在蜘蛛蜾蠃之本身，則並沒有像我們人類所運用的語言文字，可以把它們的思想平鋪放開來。因此他們之所默思，只緊緊地凝集在一點上，或說緊捲成一團，而使我們要驚奇牠們的神秘了。因此我試因其深不可測，而稱之曰「深思」。但心理學則只叫它做「本能」，又稱爲「直覺」。

柏格森愛用「直覺」和「理智」作對比。若仍用我上面的話來說，仍可說理智是平鋪放開了的，而直覺則是凝聚捲緊着的。換言之，理智是分析的；直覺則是渾成的。再用一個譬喻，理智譬如布演算草而得出結數，直覺的結數則不由布演，不用算草，一下子用心算獲得。今試問，人類心態何以能由「渾成」展演而爲「分析」？主要應歸功於人類之能「使用語言」。一切理智分析，都得建基在「時間」與「空間」之分析上。詳細說來，如蜘蛛結網，最先由屋簷之這一邊到屋簷之那一邊，你說這一邊那一邊，即有一種空間觀念加入了。你說先由這一邊再到那一邊，即又有一種時間觀念加入了。如你沒有空間與時間觀念之分析，你將無法說話，亦將無法思想。但亦可說，你若沒有語言使用，你就無法生起時間和空間的明晰觀念。如在蜘蛛的直覺裏，應該沒有所謂這一邊與那一邊的分別，也沒有先由這一邊而後再到那一邊的分別的。如是則在蜘蛛的直覺裏，應該沒有空間，沒有時間，一切不分析，而渾成一片。再用人類語言說之，那只是靈光一閃，靈機一動而已。再細言之，在蜘蛛的直覺裏，亦並沒有我織成了這一個網，可以用來捕捉蜻蜓或蚊蠅之類，來爲我充饑的想法。因此在蜘蛛這一織網工作中，亦沒有人類所謂之仁慈或殘忍，自私或大公的許多道德觀念或功利觀念之加入。你若把這些觀念來評判蜘蛛，可知於實際無當。

人類語言則是經歷了很長時期而逐漸創造的。因此人類理智中之時空觀念，也必經歷很長時期之演進而逐漸地鮮明。但到今天，我們則認那些觀念謂是一種先天範疇了。如實言之，我們儘不妨認爲人類心靈其先也只是直覺用事而已，必待語言發明逐漸使用，然後逐漸從直覺轉化出理智來。

在這裏我們若深進一層講，便有人類哲學上兩個極神秘極深奧的問題發生。第一是「萬物一體」的問題，第二是「先知」或「預知」的問題。蜘蛛因爲並沒有我在織網捕捉飛蟲的想法，所以若用人類理智的思想慣例來看，蜘蛛的直覺裏可以說它是抱着萬物一體觀的。又可說，蜘蛛的直覺裏，好像有一個預知必有飛蟲誤投我網將黏着以供我食的觀念，因此又可說直覺裏是有預知的部份的。換言之，蜘蛛的直覺，可以從自己體內直覺到自己之體外去，又可從這時現在直覺到未來將然處去。那豈不甚堪驚奇嗎！其實這亦是尋常事。試問蜘蛛乃及一切動物之直覺本能，如他們不能由內直覺到外，從現在直覺到將來，他們又如何能在此天地間獲得生存呢？

其實這些神秘驚奇的事情，也並非昆蟲動物之類有之，在人類間亦有之。尤其在人類之幼小時期，當他沒有學得一切語言文字來運用思想發揮理智之時，此等心能，卻特別顯著。即如嬰兒吸奶，在他亦只是一種直覺或本能，其實也好說嬰兒正在默思與深思，他似乎預知他此刻不吸奶將會餓，餓了並會死，所以必該得吸奶。他似乎又預知只要一啼哭，有人便會把奶遞給他。他又像預知如何用嘴放在奶上，如何用力吮吸，便可使奶汁流入他腹內，便可解救他饑餓。這一套，自然不能說是他的知識，因知識只是知道當前的，已經驗與正在經驗的。而他這一套，自啼哭以至吮吸，乃是直透事變之未來，直是一種先知。其實在他的心知上，連母親和奶和他自己都不知道，亦都未曾加之以分辨，只是渾然一片。因此在他心知上也是萬物一體的。你若把嬰兒啼哭要奶當作是人類自私心之最先發動，那又大錯了。試問在嬰兒又何嘗有此感想呢？

人類理智的長成，最先只是追隨在此一套直覺之後，而把人類自己發明的言語來加以分析，說這是母親，這是奶，這是你餓了，現在是飽了。這是你，你餓了，只要吸吮母親的奶，便能不餓，便能飽。其實這些話，並沒有對嬰兒之直覺上有了些增添，只是把他的直覺平舖放開了，翻譯成一長篇說話。把凝聚成一點捲緊成一團的抽成一線，或放成一平面，漸漸便成了人類之理智。這正如莊子之所謂「鑿混沌」。然而渾沌鑿了，理智顯了，萬物一體之渾然之感，與夫對宇宙自然之一種先覺先知之能，卻亦日漸喪失了。

至於嬰兒如何地在他嘴唇和舌上用力，如何把母親的奶吸入己肚，又如何在腹中消化，此等動作，在嬰兒雖是不學便能，在大人卻直到現在還不能把語言來詳細地分析，詳細地敘述，因此依然還是一神秘。這便是中國思想傳統之下所講的「天人之別」了。

我們現在再把此一類事引伸，轉移到大人身上來。其實在大人們的日常生活中，此一種情形，亦時有發現。如當你有一番極真摯的感情，由你心坎深處突然流露，在你已深切感到，而不及用語言文字來分析，來解釋的，豈不很多嗎？又如你日常行動，不在你理智指揮之下，而繼續不輟，默默地，深深地，向往追求，連你自己也不知其所以的，豈不也是尋常有之嗎？又如當你靈機一動，靈光一閃，忽然像覷見了什麼似的，你若用語言文字細細籀繹，可以放開來成一番大理論，寫一篇長文章，豈不是直覺在先，逐漸把語言文字如抽絲，如掘井般，纔逐漸引伸透冒出來嗎？總之，理智是較淺較顯的，直覺是較深較隱的。理智是人文的，後天的，而直覺則是自然的，先天的。我在這裏絲毫沒有看輕理智的意思，但理智根源還是直覺，則是不煩舉證，隨處可見呀！總之，是人類脫離不了動物與昆蟲之共通性，人類亦脫離不了自然界，僅能在這上增添了一些理智，這實在是不值得大驚小怪的。

而且人類理智，縱然是日進無疆，愈跑愈遠了，但萬物一體的境界，與夫先知先覺的功能，這又爲人類如何地喜愛羨慕呀！其實這兩件事，也極平常。只要復歸自然，像嬰兒戀母親，老年戀家鄉般。東方人愛「默識」，愛「深思」，較不看重語言文字之分析。在西方崇尚理智的哲學傳統看來，像神秘，又像是籠統，不科學。但在東方人說來，這是自然，是天人合一，是至誠。這是東西文化一異點，而雙方語言文字之不同，仍是此一異點之大根源所在。惜乎我在這裏，不能細細分說了。

（此文作於民國三十七年春，刊於四十九年一月人生雜誌十九卷五期。）

二九　無限與具足

在美學上，有「無限」與「具足」之兩型。在人生理想上也該有此兩型。西方人想像人生，常若一無限。中國人想像人生，則常見爲具足。時間爲生命之主要因素，請即就雙方對時間觀念之相異處作證。

西方人想像時間，殆如一直線，過去無限，將來無限，人生乃自無限過去，跨越現在，以進入無限之將來。此項觀念，自近代科學發達，更益明顯。試回溯過去，自人類歷史上窮生物進化，再逆溯到地層沿革，如是而至天體之繁變。科學愈進步，所知愈延長，過去更見爲悠遠。若論未來，正可依照着過去，作相反而對等的推測。由人類歷史演進，懸想到人種滅絕，再進而懸想到地球冷卻，生物全息，再想像及於太陽熱力消盡，日局整個毀壞。然而天體之浩茫，則依然存在。故過去悠遠不可知，未來悠遠不可知。人類對過去與未來之智識，因自然科學之發達，而其見爲不可知之程度乃更甚。宇宙無限，無始無終，無首無尾，來無原，去無極，天長地久，要於不可測。人生雖短促，卻自成一小宇宙，一樣浩茫，前不見其所自來，後不知其所將往，長途躑躅，宗教乎！科學乎！都不能給與一種明白的指點。

印度佛教看人生，大體與近代西方人相近，三世無限，斯六道輪廻亦無限。業感緣起無限，而「阿賴耶識」包藏萬有種子輾轉相熏亦無限。即如大乘起信論言一心二門，真如生滅，如水波相依，永無了局，則仍是一無限。佛教思想與今歐方所異者，歐洲人見人生無限，而勇於追逐，樂於長往，不厭不倦，義不反顧。佛教教義則憫此長途之悠悠不盡，而願為濟渡，願為解脫，願為入於無餘涅槃而滅度之。此為印歐雙方所異。然諸佛菩薩皆盡未來際作諸功德，則仍屬一種無限向前。

在此有一問題，若以西方哲學術語說之，此當屬於「知識論」的問題。既曰過去無限，未來無限，無限不可知。既不可知，又安知其果為無限抑有限乎?且過去不可知，未來不可知，又安知此兩不可知之是二非一，不相遇合而成一環形，在吾人所不可知之極遠處而兩端終相連接乎?似乎中國人對於時間觀念之想像則正如此。明白言之，中國人之「時間觀」乃環形的，乃「球體的」，而非線狀的。宇宙為一球體，人生亦成一球體，死後則回復到生前，如環無端，圓成一體。

人生而有知，人的知識，正如一道光芒，投射到此球體上而劃成一切線。如一球浮水面，半沉半現，宇宙人生之可知部分，便是此球體之上浮水面者。宇宙人生之不可知部分，則是此球體之沉隱水下者。此水平面正是一條人類知識的切線。球體滾動，可知部分與不可知部分亦隨之轉移。其實則只是一球體，此在老莊稱之曰「有無」。大易字之曰「陰陽」。有者有所知，有所知則有可名；無者無所知，無所知則無可名。有所知，有可名，則昭昭朗朗，如人在陽光下見物。無所知，無可名，則冥冥昧昧，如人在陰暗中，於物無所覩，不可辨。故所謂「陰陽有無」，只是吾人之有知有不知。人生日新不已，人之知識亦日新不已。此球體映照在人之知識中，角度不同，面狀不同，遂若永永變動，不居故常，若此球體日新富有。其實此球體乃「至動」而「至靜」，亦「至有」而「至無」。苟使人知息滅，則不見此球體之動，亦不見此球體之有，而球體之爲球體自若。此球體即大自然。自然因有人生而形成了此球體之陽面，其浮現在人類智識切線之上者，屬「有」屬「陽」，我們不妨簡率地徑稱之爲「人文」。此球體之沉隱在人類智識切線之下者，屬「無」屬「陰」，我們不妨簡率地徑稱之爲「自然」。其實人文自然還是一體，故曰：「一陰一陽之謂道。」又曰：「通乎晝夜之道而知。」又曰：「善吾生即所以善吾死。」又曰：「死生有無爲一體。」人生儼如一環，循環相通，無端可覓。人生如是，宇宙亦然。人生並不在無限地向前。太極生陰陽，陰陽即太極，一陰一陽便是循環往復，此環圓成自足，即是一太極。如是則人生現前具足，當下即是，一多相涉，重重無礙，故曰「萬物一太極，物物一太極。」故中國人之人生觀，乃爲一種「現前具足」之人生觀。老莊所與儒家不同，乃在老莊重「無」重「陰」，儒家則重「有」重「陽」。道家就自然立場，看重那球體之沉隱在人類知識切線下之底層。儒家就人文立場，看重那球體之呈現在人類智識切線上之浮面。其同抱一環形球體觀則一。

故無限的人生觀，分世界爲過、現、未三界。而具足的人生觀則只是一體。自一體而判陰陽，別有無，仍是融凝爲一，仍是會歸於一，此一體則圓滿具足。人生只是此一體之浮現部分，若用我在他處另一譬喩言之，則人生乃是此一體之發光部分。浮現部分與沉隱部分通爲一體，發光部分則即在此陰暗體上發光。如是則人生即宇宙之一面，根本與宇宙不別。宇宙具足，故人生亦具足。自佛教傳入，中國人始接觸到一種無限向前之新人生觀。然中國人對於此種新人生觀無限向前之意味，愚者則不甚了了，智者雖心知其然而終不訢合，於是轉生新說，曲就我故。故佛家六道輪廻業感無邊之深旨，在中國社會上則變成了陰世陽世的舊觀念。皈依佛法，轉生淨土，不入地獄，仍以個人死生爲說，仍成了一個靜止的小圓圈。對佛家永無休止的無限人生，可謂仍未接受。此就小乘說。若論大乘佛學，則一入中國，陳義轉深，如云「一即一切」，「心即法，法即心，」「多即一」，「一心法界」，「理事無礙」，「生死即涅槃，煩惱即菩提」，「前後際斷，一念無生」，凡此皆是現前具足，當下圓成，立地成佛，遂成爲中國佛學最流行的新期望。其實則仍是中國人自己固有的舊傳統，老想法。所謂有無死生爲一體，一陰一陽之謂道，只把此等觀念，披上一件佛菩薩的新袈裟而登臺說法，骨子裏則仍是一種循環無端的圓形人生，並非無限向前的直線人生。

這一世代，歐化東漸，中國人再度與另一種無限向前的新人生觀相接觸。然佛家厭世，中國人不能厭世。歐洲人輕於長往，樂於追求，中國人則長慮卻顧，遲重自保，終無歐人凌厲向前之勇氣。你若要抱一種無限向前的人生觀，你必視現實人生爲缺陷，爲不足，必勇於捨棄，樂於追尋，必懸一遠離現實之理想，而甘願於捨棄一切而奔赴。近代歐洲人之科學精神與其以前之宗教信仰，同爲此種捨棄，追尋，永永向前的人生精神之表現。佛教精神雖若消極，然一樣的勇於捨棄，樂於追尋，其爲一種無限向前之人生則同。中國人並不肯無限向前，因亦不勇於捨棄，不樂於追尋，徒欲於現實人生中得一種當下現前之圓滿具足，則中國人該當自有中國人的道途與方法，今乃拾取西方人生之外皮，高抬嗜欲，不恥奔競，一面對現實抱不滿，一面卻仍是就現實索補償，如是則不惟自苦，亦以擾人。

佛家之無限向前，因其主要偏向於消極放棄，故中國人模擬不真，爲病尚淺。歐洲人之無限向前，其主要乃爲一種積極把持，中國人邯鄲學步，慕效不得其真，則爲害之烈，將不僅如當今之所表襮，而方來恐尤將有其甚焉者。你若真認爲過去無限，未來無限，則當下現前，如剎那頃，將彌見其短促。電光石火，劍首一吷，猶不足以爲喻。若真悟得此旨，則上視千古，下矚萬代，悠悠無極，當身現前，何足經懷。必如此始能灑落長往，此乃無限向前的人生觀之第一要着。佛學於一切法相，不住不着，此義甚顯，可以不論。即就近代西方言，好像他們對於人生現實，貪著把捉，熱切追求。其實彼等所追求而把捉者，並非當下之現實，而仍是一種無限向前之精神，在後驅策，遂使其日進於不可知之將來而永無休止。如宗教家之傳教蠻荒，科學家之盡悴業藝，此於眼前現實，何一不極盡撇脱灑落之能事。即就商人言，非大有所棄，亦不能大有所獲，要成一大企業家，亦必畢生以之，死而後已，也仍是一種無限向前之精神爲之鼓動，何嘗絲毫沾戀現實，當下享用，作一種中途歇腳之想乎。

近代中國人不瞭斯義，空慕皮毛，爭趨樂利。苟非有如智顗、杜順、慧能諸大哲，重生今世，庶乎通彼我之郵，拔趙幟立漢幟，化彼精詣，就我平實。否則此土之紛擾溷濁，恐一時終不見有寧澄之望。

（此文作於民國三十七年春，刊於四十九年四月人生雜誌十九卷十期。）

三〇 價值觀與仁慈心

近代西方二三百年來物質科學之進步，盡人皆知。但人文科學之落後脱節，其弊已顯。譬如給小孩或狂人以利刃，固已危險，稍後又給以手槍，現在則給以原子彈，那終非闖大禍不可。此在西方智識界並非不知，無奈他們的人文科學始終趕不上，這也有其原因。在近代科學創興以前，耶穌教是西方文化的最大骨幹。宗教與科學之衝突，最重要者還在它們的方法上。科學須面對事實，在事實上面去求智識，只要事實有新發現，我們的智識便該立刻追隨求調整，這是科學修養起碼的條件。但宗教精神卻恰恰相反，他們在人類之外預先安排了一位上帝，一切人類社會活動，都得推原到上帝，歸宿到上帝。儘管人事變了，宗教上的信仰和理論則仍可不變。正因此兩方面精神之絕相背馳，而西方人的人文科學，乃於無形中遭遇一絕大阻礙，使他們得不到一個自由的發展。

正使物質科學急速發展宗教退處一旁，而西方人之人文科學仍將無希望。何以故？因他們常想把物質科學的律則來代替宗教來指導人文，如是則人類社會本身依然無地位、無重量。從前是聽命於宗教，聽命於人類以外的上帝。現在是聽命於物質，依然要聽命於人類以外之另一位上帝。其實此乃與科學精神正相違。因科學精神正貴在事實本身上尋智識，但西方人卻常想把物質科學的已有成績一轉手用來贈與給人文科學，那又如何可能呢？

當牛頓時代，西方人幾乎全想把數學物理機械方面的原理原則來解釋人類社會，來建立人文科學，待到達爾文時代，生物學開始得到注意，於是西方人又想把生物進化的一番理論與法則來運用到人類社會，來建立人文科學。此比牛頓時代，像是進步了。因生物學究竟是一種生命的科學，比較與人文更接近。機械觀的人生論，終不如進化觀的人生論較於近情。但病根則依然存在。他們總想把研究人類社會以外的一番法則與理論轉移過來，運用在人類社會的身上。無論是物質的，或生命的，到底與人文的園地隔了一層或兩層的牆壁。如何能通呢？

人文科學則應有人文科學自己的生命和園地。人文科學家應該在它自己的園地上墾闢，來培植自己的種子。但在西方，那一片園地，卻一向荒蕪。最先爲宗教所侵佔，現在爲自然科學所攘竊。宗教講的是上帝，是神，自然科學講的是物。縱說我們不能捨棄神亦不能捨棄物，縱說神與物全與人類社會有關係，但究竟都不是人類社會之自身。把自然科學的種子移栽在人文科學的園地裏，只開自然科學的花，結自然科學的果，與人文科學自身還是不相干。生命科學較之物質科學雖與人類自身較接近，但人類自身的一切智識不能由生物科學來包辦。現代的西方擺脫了宗教的束縛，卻投入了自然科學的圈套。待他們從自然科學的圈套中逃出，卻不知不覺地仍想走進宗教的樊籠。這是近代西方人文科學不能有理想發展的一個最大的原因。

試舉一例：心理學乃近代西方人文園地裏最先進入科學的一門學問。但近代西方的心理學，並不能說它是人文科學。它只是由人文科學的園地裏割讓了，出賣了。最先割讓與物質科學，稍後又出賣與生物科學。西方人最先講心理學，只是講些物理學，如眼如何能着，耳如何能聽。後來講的，也只是講些生物學，如制約反應等的實驗之類。我們並不說物理學生物學與心理學不相關，但人類的心理學應該有在物理學與生物學以外的自己園地與生命。這一番理論西方的科學界聽了，必不會贊成。這倒不在乎。所惜是西方也有贊成此番理論的，卻大體是宗教家，不是人文科學家。人文科學在西方，依然是一片荒蕪，還沒有認清楚自己的園地。還沒有培植上自己的種子。

上面所論，我們要求對於某項事類有真智識，則必向該項事類之本身去找尋。此乃一切科學最普通基本的則律。達爾文的生物學，不能乞靈於牛頓的物理學和天文學。我們要建立新的人文科學，自然也不該乞靈於牛頓與達爾文，更不應該乞靈於上帝或神。就達爾文以來的生物學而言，生命是沿着一條路線而演進的，因此生命有階級，有等差。白鼠、兔、狗，等等的心理，有些和人類心理相同，但究是有些而已。把人類較之白鼠、兔、狗，其間等級的差異，是不該忽視的。即就人類論，初民社會，低級淺演的民族，較之高文化的社會，其間亦有很顯著的階級等第，也同樣不可忽視。即在同一文化社會之內，個人間的差別等級，仍不該忽視。即就幼童論，他們尚未經社會種種陶冶，但他們間已儘有差別，有的是天才，有的是低能，這些盡人皆知，因此研究人文科學，決不比研究物質科學。物質科學可以一視平等，無差別。水是水，石是石。但人文科學則不然。人文科學不僅與物質科學不同，並與生物學也不同。生物學在類與類之間有差別，在同類間則差別甚微。人文科學又不然，雖說人與人同類，但其間差別太懸異也，不能不有一種價值觀。抹殺了價值，抹殺了階級等第而來研究人文科學，要想把自然科學上的一視平等的精神移植到人文科學的園地裏來，這又是現代人文科學不能理想發展的一個原因。

再次，人類研究物質科學以及生命科學，研究對象，都不是人類之自身。但人文科學則不然。研究的對象，便是他自身。至少他自身乃緊屬於這一對象之內，因此物質科學家乃至生命科學家，可以是純理智的，不動自己的情感，而且也應該純理智，應該不夾雜絲毫情感的。但若研究人文科學，又如何能純理智？又如何能不羼進自己的一分情感呢？非但不可能，而且也不應該。人文科學家不應該像自然科學家一樣，對他研究的對象，只發生興趣，而沒有絲毫的情感，如自然科學家般的冷淡和嚴肅。所貴於人文科學家者，正在其不僅有智識上的冷靜與平淡，又應該有情感上的懇切與激動。這並不是說要喜怒用事，愛憎任私。只是要對研究的對象，有一番極廣博極誠摯的仁慈之心。牛頓發明萬有引力，不必對一切物具仁慈心。達爾文創造生物進化論，也不必對一切生物有仁慈心。但將來人文科學界裏倘有一位牛頓或達爾文出世，他也爲人文科學驚天動地創造新則律，那他非先對人類本身抱有一番深摯純篤的仁慈心不可。若他對人類極淡漠，極冷靜，只用純理智的頭腦，將決不會深切透進人類之內心，而爲人類社會創闢新道路，指示新方針。那便決不能成爲一理想出色的人文科學家。

以上兩點，一是價值觀，一是仁慈心，此乃建立人文科學所必備的兩要件。但若把此番話向近代西方沉浸於自然科學極深的學者們講，他們自將不肯領受。這還不要緊，可惜西方人領受此一番理論的又必是一位宗教家。如此則又會把人文科學領回到上帝去管束，則人文科學仍不得如理想般建立。

要尋求一種心習，富於價值觀，又富於仁慈心，而又不致染上宗教色彩的，而又能實事求是向人類本身去探討人生智識的，而又不是消極與悲觀，如印度佛學般只講出世的，那只有中國的儒家思想。現代人都知道儒家思想不是宗教，但同時又說它不是科學。其實儒家思想只不是自然科學、物質科學與生命科學，卻不能說它不是一種文人科學。至少儒家思想與我們理想中要建立的人文科學很接近，它已具備了想要建立人文科學所必需的幾個心習。儒家的很多理論，將來必爲新興的人文科學所接受。我們現在正一意向西方學習自然科學，我們也應該就我們所固有的來試建人文科學，庶乎我們也對西方人有了一番回敬的禮物。

（此文作於民國三十七年春，刊於四十八年十二月人生雜誌十九卷三期。）

國家圖書館出版品預行編目資料

湖上閒思錄 / 錢穆作 .-- 臺北市:素書樓文教基金會出版，民90
面;　　公分 .--(中國思想史小叢書 .乙編;2)
ISBN　957-0422-33-5

855　　　　90005359

中國思想史小叢書　乙

湖上閒思錄

作　　者:錢　穆
出　　版:素書樓文教基金會
　　　　　蘭臺出版社
地　　址:台北市中正區懷寧街七十四號四樓
　　　　　電話(02)2331－0535　傳真(02)2382－6225
劃撥帳户:蘭臺網路出版商務股份有限公司
　　　　　帳號:18995335
總 經 銷:成信文化事業股份有限公司
地　　址:台北縣中和市橋和路 111 巷 10 號 2 樓
電　　話:(02)22496108
網路書店:www.5w.com.tw
E - Mail:service@mail.5w.com.tw
　　　　　lt5w.lu@msa.hinet.net
出版日期:中華民國 90 年 4 月
定　　價:新臺幣 150 元
ISBN:957-0422-33-5